Martin Sebaldt

# Das Elend der Strategen
## Warum die deutsche Militärpolitik versagt

Martin Sebaldt

# Das Elend der Strategen
## Warum die deutsche Militärpolitik versagt

Standpunkte und Orientierungen: Band 14
Herausgegeben von Uwe Hartmann

Martin Sebaldt

# Das Elend der Strategen

## Warum die deutsche Militärpolitik versagt

2020

Carola Hartmann Miles-Verlag

*Bibliografische Information der Deutschen Nationalbibliothek*
Die Deutsche Nationalbibliothek verzeichnet diese Publikation in der Deutschen Nationalbibliografie; detaillierte bibliografische Daten sind im Internet über www.dnb.de abrufbar.

© 2020 Carola Hartmann Miles-Verlag, Berlin
www.miles-verlag.jimdo.com
email: miles-verlag@t-online.de

Herstellung: Books on Demand, Norderstedt



ISBN 978-3-96776-011-8

# Inhalt


**Prolog: Das Drama der Bundeswehr** .............. 7
Die Kardinalprobleme unserer Streitkräfte ........... 9
Aufwuchs und Reserven ...................................... 10
Personal .......................................................... 13
Soziale Verankerung ......................................... 16
Material ......................................................... 18
Organisation ................................................... 20
Einsatzstrategie .............................................. 23
Zwischenbilanz ............................................... 26

**1. Akt: Das Weißbuch der Bundesregierung ....** 29
Das Weißbuch im Überblick ............................... 30
Aufwuchs und Reserven ...................................... 33
Personal .......................................................... 36
Soziale Verankerung ......................................... 39
Material ......................................................... 43
Organisation ................................................... 47
Einsatzstrategie .............................................. 50
Zwischenbilanz ............................................... 55

**2. Akt: Die Konzeption der Bundeswehr.........** 57
Die Konzeption der Bundeswehr im Überblick .... 59
Aufwuchs und Reserven ...................................... 62
Personal .......................................................... 65
Soziale Verankerung ......................................... 70

Material .......................................................... 71

Organisation ................................................... 75

Einsatzstrategie ............................................... 78

Zwischenbilanz ............................................... 81

**3. Akt: Die Strategie der Reserve** ..................... **83**

Die Strategie der Reserve im Überblick ................. 85

Aufwuchs und Reserven .................................... 89

Personal ......................................................... 92

Soziale Verankerung ........................................ 96

Material .......................................................... 99

Organisation ................................................. 100

Einsatzstrategie ............................................. 103

Zwischenbilanz ............................................. 106

**Epilog: Das Pflichtenheft der Strategie** .......... **111**

Das Elend der Strategen: Der Gesamtbefund......... 112

Wege aus dem Defizit: Die Folgerungen ............... 120

Bundeswehr braucht Strategie! Abschlussappell..... 125

**Literatur** ...................................................... **127**

**Über den Autor** ............................................. **133**

# Prolog: Das Drama der Bundeswehr

Es ist ein Trauerspiel: Die ‚Bundeswehrreformen' der letzten Jahrzehnte haben eine aufwuchsstarke und einsatzbereite Armee zum Torso verkrüppelt. Die deutschen Streitkräfte taugen in dieser Form weder zur Landesverteidigung, noch werden sie den Ansprüchen der Bündnispartner gerecht.

Die jüngere Entwicklung ist absolut widersinnig: Seit dem Ende des Kalten Krieges muss die Bundeswehr neben ihren klassischen Aufgaben der Landes- und Bündnisverteidigung, des Heimatschutzes und der Katastrophenhilfe auch immer mehr internationale Einsätze bestreiten (Bredow 2008: 189-190): Friedensmissionen, militärische Interventionen in externen Krisenszenarien und nicht zuletzt vielfältige Leistungen beim Wiederaufbau dortiger staatlicher Ordnungen. Und trotzdem stehen dafür immer weniger Truppenteile zur Verfügung. Die Folgen sind absehbar: Diese militärischen Restbestände werden permanent überbeansprucht und Schritt für Schritt verschlissen.

Gerade aber weil diese Entwicklungen nicht als Naturkatastrophe unvermittelt über die deutsche Militärpolitik hereingebrochen sind, sondern langfristig absehbar waren, muss sich dem resignierten Betrachter die Frage aufdrängen, warum nicht frühzeitig mit geeigneten Konzepten gegengesteuert wurde. Meine ebenso resignierte Antwort: Weil Deutschlands militärpolitische Planer ein eklatantes Strategieproblem haben. Der Buchtitel „Das Elend der Strategen" spiegelt dies und deutet auch schon die Agenda an, mit der ich den Nachweis dieses Sachverhalts erbringen werde.

In den Blick geraten dabei drei zentrale militärpolitische Dokumente, welche die aktuelle Bundeswehrplanung anleiten: das „Weißbuch der Bundesregierung zur Sicherheitspolitik und zur Zukunft der Bundeswehr" von 2016, die „Konzeption der Bundeswehr" (KdB) von 2018 sowie die „Strategie der Reserve" (SdR) von 2019. Außen vor bleiben muss das „Fähigkeitsprofil der Bundeswehr" von 2018, da es als internes Papier nicht öffentlich zugänglich ist. Trotzdem steht auch mit diesen drei Dokumenten ein genügend breiter Materialfundus zur Verfügung, um meine Annahme zu belegen.

Die vorliegende Abhandlung gründet auf drei Beiträgen für die Jahrbücher Innere Führung 2017 bis 2019 (Sebaldt 2017b, 2018, 2019) sowie Passagen zum Weißbuch aus meiner Schrift „Nicht abwehrbereit" (Sebaldt 2017a). Der Anregung des Herausgebers der Reihe „Standpunkte und Orientierungen", Uwe Hartmann, diese Einzelstudien zusammenzufassen und mit einem Pflichtenheft für die künftige militärpolitische Strategiebildung zu versehen, bin ich gerne gefolgt. Denn gerade Letzteres ist doch zentral und daher auch meine eigentliche Motivation. Ich möchte nicht nur die spezifischen Strategiedefizite von Weißbuch, KdB und SdR offenlegen, sondern vor allem liegt mir am Aufweis des zugrundeliegenden strukturellen Problems: Diese Dokumente spiegeln vor allem eine geradezu erschreckende Unfähigkeit zu strategischem Denken.

Gerade daran wird also in Zukunft zu arbeiten sein, denn sollte sich dies nicht ändern, wird die Qualität der Bundeswehrplanung auch in den kommenden Jahrzehnten so elend bleiben wie derzeit. Niemandem kann daran gelegen sein, und deshalb verstehe ich diese Abhandlung auch als Weckruf, um diese militärstrategische Insuffizienz möglichst bald Geschichte werden zu lassen.

*Die Kardinalprobleme unserer Streitkräfte*

Doch zunächst zurück zum Ausgangspunkt des Dramas: Die deutsche Streitkräfteplanung seit dem Ende des Kalten Krieges kann getrost als desaströs bezeichnet werden, weil sie uns eine Bundeswehr beschert hat, die nur mehr ein Schatten ihrer selbst ist. Die einzelnen Soldaten selbst leisten im In- und Ausland auch unter diesen katastrophalen Rahmenbedingungen ihr Möglichstes; sie selbst sind um keinen Deut schlechter motiviert als ihre Kameraden früherer Jahrzehnte. Die derzeitige Bundeswehrmisere ist nicht ihre Schuld.

Schuld daran haben die Streitkräfteplaner in der politischen und der militärischen Führung. Aus ihrer strategischen Unfähigkeit resultierte eine fatale Perlenschnur sogenannter Bundeswehrreformen, die unseren Streitkräften sechs Kardinalprobleme bescherten: Die Bundeswehr verbleibt ohne effektive Reserven (1), verliert ihr personelles Potenzial (2), verschwindet aus der Gesellschaft (3), verliert ihre materielle Effektivität (4), verharrt in starren Strukturen (5) und vernachlässigt ihre Einsatzstrategie (6).

„Kardinalprobleme" impliziert dabei, dass daneben noch kleinere, aber demgegenüber eben sekundäre Schwierigkeiten bestehen. Aber gerade aus einer strategischen Perspektive, die hier ja im Fokus stehen soll, ist eine konzeptionelle Konzentration auf das Wesentliche nötig, um den Wald trotz vieler Bäume im Blick zu behalten.

Diese sechs Kardinalprobleme werden im Folgenden genauer erschlossen. Gerade sie müssen im Mittelpunkt militärstrategischer Planung stehen, um die derzeitige Bundeswehrmisere zu bewältigen. Und sollte das planerisch nicht gelingen, würde das auf die strategische Unfähigkeit der dazu Berufenen verweisen.

*Aufwuchs und Reserven*

Rückblende: Durch die Neuausrichtung der Bundeswehr des Jahres 2011 und die „Konzeption der Bundeswehr" von 2013 (KdB 2013) wurde der vorherige fatale Schwund der Bundeswehrpotenziale weiter vorangetrieben und sogar noch beschleunigt. Die Folgen sind bis heute spürbar: Durch die damaligen ungeschickten und oft sogar widersinnigen Strukturentscheidungen sind die stehenden Verbände heute zu einem militärischen Fragment verkommen, das den vielfältigen Einsatzerfordernissen der Bundeswehr auch nicht annähernd gerecht werden kann. Das soll im Folgenden vor allem am Beispiel des Heeres demonstriert werden.

Das deutsche Heer wird nach dem endgültigen Vollzug der „Neuausrichtung" gemäß der „Struktur HEER2011" nur mehr aus drei Divisionen bestehen, von denen die „Division Schnelle Kräfte" (DSK) im Sinne der gängigen Definition aber von vornherein nicht als vollwertiger Großverband zu werten ist. Denn sie umfasst mit der Luftlandebrigade 1 lediglich eine Kampftruppenformation, der aber zum vollwertigen Großverband selbst wichtige, insbesondere artilleristische Komponenten fehlen. Und außerdem führt die DSK auf der „Divisionsleiste" selbst keine eigenen Kampf- und Kampfunterstützungstruppen (Flume/Leckel/Steinseifer 2015: 216-226).

Aber auch die beiden anderen Divisionen können wie ihre Brigaden letztlich nicht als vollwertige Großverbände gewertet werden. Denn letztere besitzen ebenfalls kein eigenes Artilleriebataillon, und auch der 1. und der 10. Panzerdivision fehlen auf der „Divisionsleiste" eigene Kampftruppen.

Die wohl größte Fehlleistung der letzten Bundeswehrreformen liegt jedoch darin, die bis Anfang der neunziger Jahre existierende Aufwuchsorganisation unserer Streitkräfte weitgehend beseitigt zu haben. Es ist daher heute nicht mehr möglich, das deutsche Heer über die gerade beschriebenen kümmerlichen Präsenzverbände hinaus zügig auf Kriegsstärke zu bringen. Früher konnte die Bundeswehr kurzfristig auf eine fast dreimal so große Einsatzstärke vergrößert werden, wozu vor allem die zahlreichen gekaderten Verbände des Territorialheeres dienten.

Was ist davon geblieben? „Ergänzungstruppenteile“ in einer Gesamtstärke von nur mehr rund 6.500 Dienstposten, zu denen gemäß Struktur HEER2011 neben zwei Panzer-, zwei Panzergrenadier- und einem Jägerbataillon noch zwei Pionier- und zwei Unterstützungsbataillone zählen sowie zusätzlich knapp 20 Kompanien unterschiedlicher Truppengattungen, die aktive Bataillone in Einsatzzeiten verstärken sollen. Die beiden Panzerbataillone sind inzwischen allerdings voll aktiviert worden, zählen also nicht mehr zu diesen Ergänzungstruppenteilen. Der Vollständigkeit halber sei noch angemerkt, dass die Luftwaffe mit einem gekaderten Objektschutz-Bataillon nur einen einzigen Ergänzungstruppenteil besitzt, die Marine sogar überhaupt keinen.

Diese Ergänzungstruppenteile führen im Einsatzfall also nur zu einer verschwindend geringen Verstärkung des Heeres; ein organisatorischer Aufwuchs auf kriegstaugliche Einsatzstärke ist heute folglich schon wegen völlig unzureichender Reservestrukturen unmöglich. Daran ändern auch die in der Streitkräftebasis angesiedelten 30 „Regionalen Sicherungs- und Unterstützungskompanien“ (RSUKp) nichts, die nur als verschämte Reminiszenz an die verlorene territoriale Heimatschutzorganisation früherer Jahrzehnte zu werten sind (Flume/Leckel/Steinseifer 2015: 400).

Sinngemäß gilt das auch für die derzeit im Aufbau befindlichen Landesregimenter: Denn wenn das Pilotprojekt aus Bayern Schule machen sollte, wo zur Bildung des dortigen Reserveverbands im Wesentlichen nur drei bestehende RSUKp unter einem Regimentsstab zusammengefasst wurden und demgemäß auch die

Mannschaftsstärke bei ca. 500 Soldaten verbleibt (SKB 2019; DBwV 2019), ist das am Ende doch eher homöopathische Kosmetik und erbringt keine wirkliche Stärkung der Aufwuchspotenziale. Infolgedessen ist es unabdingbar, diese verloren gegangene Komponente unserer Wehrorganisation in Form eines neuen Territorialheeres möglichst bald wieder erstehen zu lassen.

*Personal*

Militärische Strukturen bestehen nur auf dem Papier, wenn nicht das nötige Personal bereitsteht, um sie mit Leben zu erfüllen. Das ist natürlich eine banale Erkenntnis, aber seit der Aussetzung der Wehrpflicht leider bedrohliche Realität. Schon ein erster Blick auf das bisherige Personalstrukturmodell 185 für die Bundeswehr offenbart, wie die Planer der Bundeswehr auf den dadurch entstandenen Engpass bei den Mannschaftsdienstgraden reagiert haben:

Von 185.000 Dienstposten insgesamt entfallen schon 35.900 auf die Offiziere, und die Unteroffiziere machen mit 91.800 sogar die größte Gruppe aus. Für die Mannschaftsdienstgrade verbleiben dann noch 54.800 Dienstposten. Den imponierenden Rest bilden gemäß diesem Modell noch 2.500 Übungsplätze, auf denen aus dem Pool der rund 64.000 beorderten Reservisten über das ganze Jahr hinweg Angehörige der Verstärkungs- und der Personalreserve im Wechsel jeweils kurzfristig dienen können (Flume/Leckel/Steinseifer 2015: 428).

Zwar ist gemäß „Weisung für die Reservistenarbeit in den Jahren 2015/2016" die Zahl der Übungsplätze ab 2015 auf 3.500 erhöht worden, aber auch das ändert nichts am problematischen Gesamtbefund: Die derzeitigen Streitkräftestrukturen sind in personeller Hinsicht absolut ungesund. Die Bundeswehr ist viel zu dienstgradlastig ausgeplant. Auch die im Mai 2016 durch einen Tagesbefehl der Bundesministerin der Verteidigung verkündete „Trendwende Personal" für die Zeit ab 2017 wird an diesem Missverhältnis kaum etwas ändern. Denn obwohl damit die bisherige Obergrenze von 185.000 Soldaten aufgeben wurde, wird diese Erhöhung nicht zur Vergrößerung der Anteile von Mannschaftsdienstgraden führen.

Diese personalstrukturelle Misere ist maßgeblich auf die Aussetzung der Wehrpflicht zurückzuführen. Denn gerade deswegen wurden die Planungsziele für die Gewinnung von Mannschaftsdienstgraden stark gesenkt, um sie unter dem nun geltenden Prinzip der Freiwilligkeit von Wehrdienstleistungen wenigstens annähernd erfüllen zu können. Zwar muss dabei gelegentlich darauf hingewiesen werden, dass die Wehrpflicht ja nicht abgeschafft, sondern nur ausgesetzt wurde, aber ihre Wiedereinführung in Friedenszeiten ist politisch doch eher unrealistisch.

Und weil das so ist, werden auf absehbare Zeit wohl kaum neue Kampftruppenverbände in genügender Zahl aufgestellt werden, obwohl schon jetzt zur Entlastung der bestehenden dringend erforderlich. Denn sie müssten ja zum großen Teil aus Mannschaftsdienstgraden bestehen! Mehr noch: Das daraus erwachsende langfristige Kernproblem wird weitgehend ignoriert: Sollen künftige Großeinsätze oder sogar Kriege von einer Armee bestritten werden, die zu Friedenszeiten mehrheitlich aus Offizieren und Unteroffizieren besteht und ihr Mannschaftsdefizit erst nach Konfliktbeginn mühsam zu beheben sucht?

Und auch wenn die Wehrpflicht im Spannungsfall kurzfristig wieder in Kraft träte: Welches Potenzial sollte sie dann noch abschöpfen? Dann würden zwar auf einen Schlag wieder sehr viele Bürger für den Dienst an der Waffe zur Verfügung stehen, doch die Masse von ihnen hätte mangels eigener Wehrerfahrung keinerlei militärische Vorkenntnisse.

Trotz oder vielleicht sogar wegen dieser ungünstigen strukturellen Rahmenbedingungen kommen wir aber nicht umhin, unsere Bürger trotz fehlender Wehrpflicht wieder enger an die Bundeswehr zu binden und dafür auch auszubilden. Das Technische Hilfswerks (THW) kann hier als Vorbild dienen: Dort wird Dienst bedarfsorientiert und zeitlich verteilt geleistet, und auch die Ausbildung erfolgt portioniert. Überdies gründet das THW nur auf einem kleinen Stab Hauptamtlicher, während der größte Teil der Mitglieder ehrenamtlich tätig ist. Diese werden nur zu Übungszwecken und für Einsätze aktiviert. Entsprechend könnte man auch neu zu schaffende Territorialverbände der Bundeswehr (Heimatschutzbataillone etc.) aufbauen.

In organisatorischer Hinsicht tritt im Übrigen noch erschwerend hinzu, dass mit der Abschaffung der Kreiswehrersatzämter auch das bewährte und in der Fläche verankerte Wehrersatzwesen irreparabel geschädigt wurde. Eine bürgernahe und zudem reaktionsschnelle Wehrersatzorganisation verschwand damit. Spätestens im Kriegsfall, wenn die Streitkräfte massiv verstärkt werden müssen, wird sich erweisen, wie fatal dieser Kahlschlag ist. Denn mit einem flächendeckenden Personalersatz wären die wenigen „Karrierecenter" der Bundeswehr heillos überfordert.

*Soziale Verankerung*

Damit ist das dritte Kardinalproblem benannt: Die Bundeswehr verschwindet aus der Gesellschaft, und sie tut es sowohl in praktisch-alltäglicher als auch in mentaler Hinsicht. Dabei ist ihre grundsätzliche Akzeptanz gar nicht das Problem. In großen Teilen unserer Gesellschaft stehen die Streitkräfte in hohem Ansehen, und auch der immer wieder hochriskante Waffendienst findet weithin Anerkennung.

Jedoch erfolgt dies mittlerweile zumeist aus der Distanz von Beobachtern, die die Bundeswehr und ihre Tätigkeit zwar generell schätzen mögen, ansonsten aber zu den Streitkräften keine engere praktische oder auch emotionale Beziehung pflegen. Insoweit läuft die Bundeswehr heute mehr und mehr Gefahr, zwar noch organisatorischer Teil unseres Gemeinwesens, aber nicht mehr organisch integriertes Element unserer Gesellschaft zu sein.

Dass die Aussetzung der Wehrpflicht auch dazu schon jetzt maßgeblich beiträgt, liegt auf der Hand: Konnten früher jeweils große Teile der nachwachsenden Bevölkerungsjahrgänge die Streitkräfte aus eigener Erfahrung kennenlernen, ist das heute nur mehr einem kleinen Teil möglich. Dieser Trend ist gleich in mehrerlei Hinsicht fatal. Denn nicht nur der individuelle militärische Erfahrungsschatz, aus dem erst eine tiefgehende Identifikation mit der Bundeswehr erwachsen kann, wird damit unmöglich gemacht, sondern auch der damit verbundene gesamtgesellschaftliche Kitt: Kaum ein Instrument war zur Zusammenführung aller Schichten für eine Gemeinschaftsaufgabe besser geeignet als die Wehrpflicht, denn die Bundeswehr war für sehr viele junge Männer der erste Ort, wo sie dauerhaft lernen mussten, mit Kameraden unterschiedlichster sozialer Herkunft umzugehen (Lippert 1982).

Aber auch die starke Reduzierung der Streitkräfte hat zu diesem fatalen Trend maßgeblich beigetragen, denn die massive Ausdünnung der Flächenpräsenz sowie die Verkleinerung oder sogar Schließung zahlreicher Standorte sind direkte Folgen. Dadurch werden heimatnahe Verwendungen ebenso unwahrscheinlich wie das unmittelbare Erleben des Streitkräftealltags durch die Familien der Standortangehörigen, durch Kontakte zu den kommunalen Amtsträgern und Vereinen und nicht zuletzt durch die wirtschaftlichen Beziehungen zwischen Truppe und örtlichen Betrieben.

Zwar muss an dieser Stelle nachdrücklich das verdienstvolle Engagement unserer Soldatenverbände und Truppenkameradschaften hervorgehoben werden, die sich mit ihrer Arbeit diesem Trend entgegenstemmen. Doch andererseits dürfen wir die schon jetzt spürbaren Entfremdungstendenzen auch nicht auf die leichte

Schulter nehmen: Denn soziales Kapital im Sinne einer organischen und lebendigen Verbindung zwischen Gesellschaft und Streitkräften muss langfristig wachsen und gepflegt werden!

*Material*

Die Gegenstände der Ausrüstungsmisere sind demgegenüber durch die öffentliche Diskussion sattsam bekannt und müssen daher nicht erneut in voller Breite beschrieben werden: Das Material der Bundeswehr ist vielfach völlig veraltet, die anvisierten Ersatzsysteme benötigen auf Grund ihrer Komplexität immer längere Entwicklungszeiten, laborieren auch nach ihrer Einführung immer wieder an gravierenden Mängeln und sind bei ihrer Auslieferung oft auch wesentlich teurer als ursprünglich vereinbart.

Darüber hinaus muss jedoch auf fatale Trends bei der Ausstattungsplanung hingewiesen werden, die weder in der Öffentlichkeit noch in der Bundeswehr selbst in ihrer Dimension richtig erfasst werden: Die Ausstattung wird übertrieben vielfältig und damit zu einem logistischen Albtraum, sie wird zunehmend übertechnisiert und damit sowohl immer teurer als auch anfälliger für Ausfälle, und sie wird auch für den Soldaten immer schwieriger in ihrer Anwendung.

Besonders eindrucksvoll lässt sich diese technikgläubige Fehlentwicklung am System „Infanterist der Zukunft" exemplarisch illustrieren. Es besteht aus rund 100 Einzelkomponenten (!) und besitzt je nach Konfiguration ein Gesamtgewicht zwischen 57 und 66 Kilogramm (Flume 2013: 543-548)! Schon das sollte eigentlich an den gesunden Menschenverstand appellieren: Welcher auch gesundheitlich voll belastbare Soldat soll unter Einsatzbedingungen und klimatischen Widrigkeiten länger damit klarkommen? Die Ausfallstatistiken der US-Streitkräfte im Rahmen der afghanischen ISAF-Mission sprechen hier jedenfalls eine eindeutige Sprache: Häufigste Ursache für Dienstunfähigkeit waren gewichtsbedingte Rückenprobleme (Roy/Lopez/Piva 2015)!

Aber mehr noch: Die Ausbildungszeiten für dieses komplexe System, das allein schon in seinem Kernmodul über einen eigenen Sprechsatz, einen „Kernrechner", Navigationsausstattung, Helmdisplay, Bildverstärkerbrille, Wärmebildmodul, Bedien- und Anzeigegerät, Gruppenfunkgerät und einen digitalen Magnetkompass verfügt, wachsen natürlich exponentiell an. Kurzum: Ein derartiges System ist sowohl am Soldaten vorbeigeplant als auch an den Logistikerfordernissen, da wesentlich mehr Komponenten für Reparatur oder Ersatz vorzuhalten sind.

Das verweist im Übrigen auf eine weitere Fehlentwicklung: Wie viele andere auf digitaler Vernetzung basierende Ausstattungssysteme der Bundeswehr ist auch das System „Infanterist der Zukunft" von einer geradezu naiven Technikgläubigkeit geprägt, die unter Einsatzbedingungen schnell entzaubert würde. Denn allein schon wegen seiner Komplexität ist die Wahrscheinlichkeit sehr groß, dass einzelne Komponenten ausfallen und das gesamte System lahmlegen. Zudem wird blauäugig vorausgesetzt, externen Störmaßnahmen effektiv begegnen zu können. Diese Illusion wird leider nur bis zum ersten erfolgreichen Hacker-Angriff des Feindes tragen.

Das soll am Ende nicht als vormoderne Technikkritik missverstanden werden. Natürlich muss sich eine Armee im IT-Zeitalter den modernen digitalen Herausforderungen stellen und sie in gebotenem Maße in ihr Tätigkeitsprofil einbinden. Militärischer Kampf wird in der Zukunft ja nicht zuletzt im virtuellen Raum geführt (Hofstetter 2019). Jedoch: Die Vorteile klassisch ‚analoger‘, nur auf mechanischen Grundlagen basierender und ohne komplexe Vernetzung arbeitender Kriegsführung sollten auch im digitalen Zeitalter nicht vernachlässigt werden.

Technik muss zum Menschen passen, und gerade ein im Einsatzfall eingezogener (ungedienter) Durchschnittsbürger darf nicht mit überkomplexen Waffensystemen überfordert werden, die noch dazu störanfällig sind und logistische Alpträume verursachen. Man darf zudem nicht vergessen, dass Streitkräfte *per definitionem* für Ausnahmesituationen geschaffen wurden und deshalb auch in diesen funktionsfähig bleiben müssen. Und dazu zählt auch ein Szenario, in dem die elektronische Kommunikation zusammengebrochen ist.

*Organisation*

Personal und Ausrüstung können aber am Ende nur dann wirkungsvoll eingesetzt werden, wenn sie in einer effektiven Organisation verortet sind. Jedoch auch hier verharrt die Bundeswehr bis heute in Strukturen, die aus dem letzten Jahrhundert datieren und in dieser Form nicht mehr zeitgemäß sind. Die starre Gliederung in eigenständige Teilstreitkräfte (TSK) stellt deshalb übergreifende Einsatzplanungen bis heute vor große Hürden. Je mehr also moderne Streitkräfteplanung von dem Leitprinzip der *„Joint Operations"* geleitet ist, wie es in Partnerstaaten und nicht zuletzt in der NATO-Militärorganisation schon breite Anwendung findet, desto mehr wird eine bürokratisch trennende Militärorganisation zum strukturellen und auch operativen Problem.

Eine umfassende Restrukturierung der Streitkräfte ist also dringend nötig. Das ist auch in Deutschland keineswegs eine neue Erkenntnis, aber zurückliegende Versuche, die klassische teilstreitkraftbasierte Gliederung der Bundeswehr durch integrierte Modelle zu ersetzen, scheiterten nicht zuletzt am Beharrungsvermögen von Heer, Luftwaffe und Marine. Stattdessen schreibt man die klassischen Strukturen über weite Strecken fort und verschlankt sie nur dort, wo durch die Streitkräftereduzierung Änderungen unabdingbar sind.

Freilich gibt es auch in der Bundeswehr schon erste Ansätze zur Schaffung einer *„joint"*-orientierten Verschränkung der Organisationsbereiche. Das Einsatzführungskommando deutet eigentlich schon länger darauf hin, welche Richtung eine umfassende Reform der Streitkräfte wird nehmen müssen, denn dort werden Kontingente aus Heer, Luftwaffe, Marine, Streitkräftebasis und Sanitätswesen jeweils bedarfsorientiert herangezogen und für jeden Einsatz neu kombiniert. Und auch die Schaffung eines eigenen Cyber-Kommandos nach US-amerikanischem Vorbild ist ein implizites Eingeständnis der Tatsache, dass die klassische Teilstreitkraftgliederung der Bundeswehr den aktuellen Anforderungen nicht mehr genügt. Allerdings darf dabei nicht übersehen werden, dass diese Herausforderung nicht auf den Geschäftsbereich des Bundesministeriums der Verteidigung beschränkt ist, sondern nur interministeriell unter Zusammenbindung der betroffenen Ressorts bewältigt werden kann.

Doch den Erfordernissen zur Schaffung einer konsequent *„joint"*-orientierten Bundeswehrorganisation ist damit nur sehr fragmentarisch Rechnung getragen. Denn mit den verbliebenen teilstreitkraftbasierten Strukturen kann die Bundeswehr dem immer variabler gestalteten Aufgabenportfolio nicht mehr gerecht werden. Für die Sicherung maritimer Handelsrouten bedarf es nun eben völlig anderer Kontingente als für die klassische Landesverteidigung: Im letzteren Fall gehen Verbände und Großverbände geschlossen in den Einsatz und sind wiederum Teil einer umfassenden stehenden Armee; im ersteren müssen Organisationsbereiche und Truppengattungen unterschiedlichster Provenienz Einheiten und Verbände abstellen, die dann aufgabenorientiert zusammengebaut werden.

Ein umfassender organisatorischer Umbau der Bundeswehr ist also nötig, der von der klassischen Teilstreitkraftgliederung Abstand gewinnen muss und die Strukturen stärker an den zu erfüllenden Aufgaben auszurichten hat. Das sollte aber nicht mit einer kompletten Auflösung der traditionellen Strukturen einhergehen, denn den TSK werden auch künftig zentrale Aufgaben verbleiben (Gewährleistung einer Grundgliederung, Ausbildung).

Es wird aber eine Struktur zu finden sein, die die Gliederungen der TSK mit einer gleichsam quer dazu liegenden aufgabenbezogenen Organisationsschiene sinnvoll kombiniert. Hier liegt es also nahe, sich geeigneter, d.h. auf den Gegenstand sinnvoll zugeschnittener Matrixmodelle zu bedienen.

*Einsatzstrategie*

Streitkräfte können ihre vielfältigen Aufgaben aber auch unter besten Personal- und Materialbedingungen nur dann erfüllen, wenn ihnen eine Einsatzstrategie an die Hand gegeben ist, die diesen Namen verdient. Gerade seit dem Ende des Kalten Krieges sind die Erwartungen an die Bundeswehr stark gewachsen. Das hängt zum einen mit dem gewandelten Sicherheitsverständnis zusammen, das schon längst nicht mehr nur die bloße Beseitigung von Gewalt und Bedrohung umfasst, sondern auch die umfassende Gewährleistung wirtschaftlicher, sozialer und kultureller Gestaltungsfreiheit.

Aber auch die zu bewältigenden Problemszenarien selbst sind zumindest in der Wahrnehmung der politischen Eliten deutlich vielfältiger geworden. Zu den klassischen, von Staaten getragenen „symmetrischen" Konflikten treten dieser Lesart zufolge nun auch immer mehr „asymmetrische" Auseinandersetzungen, in denen Staaten also mit nichtstaatlichen Akteuren konfrontiert sind (Kaldor 2000). Und da sich die Sphären des Symmetrischen und des Asymmetrischen oft nicht klar trennen lassen, sondern immer mehr „hybride" Kriegs- und Konfliktszenarien erzeugen, wird moderne Einsatzstrategie zur imponierenden Herausforderung: Längst muss sie nicht mehr nur den klassischen zwischenstaatlichen Krieg ‚denken', sondern dieser strategischen Anforderungsvielfalt mit zivil-militärisch gemischten und damit buchstäblich „hybriden" Ansätzen (Hartmann 2015) sowie *Counterinsurgency*-Konzepten (COIN) gerecht werden (Sebaldt/Straßner 2011).

Dieses Pflichtenheft für eine moderne, allen Bedrohungsprofilen gleichermaßen begegnende Einsatzstrategie ist also bekannt. Und inzwischen existieren sowohl auf internationaler Ebene wie in Deutschland etliche programmatische Einzeldokumente, die dafür gute Handlungsansätze bieten. Denn natürlich wird auch eine nationale Einsatzdoktrin nicht nur mehr für sich stehen können, sondern auf die Konzepte befreundeter Staaten ebenso Bezug nehmen müssen wie auf die strategischen Rahmendokumente der westlichen Bündnissysteme.

Das nicht nur in Deutschland verbleibende strategisch-konzeptionelle Grundproblem ist jedoch, dass diese vielen Versatzstücke bis heute nicht zu einer einheitlichen Doktrin zusammengeführt worden sind. Das hat mehrere Gründe: Zum einen existieren schon bei den Strategieschwerpunkten selbst kaum konzeptionelle Konsense, sondern es ist sogar die Regel, dass verschiedene Varianten miteinander konkurrieren.

Konkret: Es gibt eben letztlich nicht die eine COIN-Doktrin, sondern grob vereinfacht stehen sich hier bevölkerungszentrierte („*population centered*") Ansätze in der Tradition von Robert Thompson und David Galula (Thompson 1966; Galula 2006) und feindorientierte („*enemy centered*") gemäß der Lesart Roger Trinquiers (Trinquier 2006) gegenüber. Strategisch macht das am Ende einen großen Unterschied: Denn während bevölkerungsorientierte COIN-Ansätze primär dem Prinzip des „*winning hearts and minds*" verpflichtet sind, also die Gesellschaft primär mit zivilen Mitteln und Anreizen zu gewinnen und damit die Aufständischen zu isolieren suchen, setzen die feindzentrierten vor allem auf die Vernichtung des Gegners. Feindorientierte COIN ist demzufolge wesentlich ‚militanter‘, wie auch die ganze Operationsplanung.

Aber auch für die klassischen symmetrischen Konflikte müssen heute noch Antworten auf Fragen gefunden werden, die in der Strategiediskussion eine lange Tradition haben und ebenfalls bis heute kontrovers diskutiert werden. Zum einen geht es um die Klärung der Frage, wie umfassend ein derartiger militärischer Konfliktaustrag sein soll. Natürlich darf man sich dabei nicht mehr von menschenverachtenden Konzepten des ‚totalen‘ Krieges leiten lassen. Aber die Frage, in welchem Ausmaß auch ein moderner Krieg jenseits der Fronten ins gegnerische Land getragen werden soll, muss schon thematisiert werden, wie das etwa in der weithin rezipierten Luftkriegsstudie John Wardens geschah (Warden 1991).

Auch eine weitere, schon sehr alte Grundsatzfrage ist strategisch-konzeptionell bis heute immer wieder neu zu entscheiden: Sollen derlei Kriege primär einem direkten Ansatz folgen, also in der Tradition Alfred Thayer Mahans und vielen anderen auf das Zentrum des Feindes gerichtet sein und vor allem die Vernichtung seiner Kräfte in einer Entscheidungsschlacht bezwecken, oder präferiert man ein indirektes Vorgehen im Sinne Basil Liddell-Harts, das ebenfalls schon sehr lange in der Diskussion ist (Stahel 1996: 207-223, 265-277)? Beides hat jeweils entscheidenden Einfluss auf Gliederung und Aufmarschplanung militärischer Großverbände und beeinflusst auch deren Ausstattung maßgeblich. Das muss infolgedessen schon im Frieden konsequent durchdacht und vorausgeplant werden.

*Zwischenbilanz*

Keineswegs sind damit alle Probleme der Bundeswehr benannt. Aber für eine Grundsatzreform der deutschen Streitkräfte ist es zentral, den Blick für das Wesentliche zu behalten und die Änderungsansätze darauf zu konzentrieren, um sich nicht zu verzetteln. Das ist auch deshalb geboten, weil diese Probleme eben nicht isoliert voneinander auftreten bzw. gelöst werden können, sondern nur im Verbund:

Wenn Wehrpersonal fehlt, können bestehende Verbände nicht auf Einsatzstärke gebracht werden, wenn umgekehrt die Gliederungen fehlen, kann personelles Potenzial nicht verplant und aufgenommen werden. Wenn die Bundeswehr aus der Gesellschaft verschwindet, reduzieren sich auch ihre personelle Attraktivität und ihre Reaktionsfähigkeit durch fehlende wohnortnahe Standorte. Wo Ausstattung fehlt oder benutzerunfreundlich ist, kann Personal nicht arbeiten, wo Personal fehlt, hilft die beste Ausstattung nicht. Wo die Organisation modernen Anforderungen nicht genügt, können das beste Personal und die beste Ausstattung keine optimalen Ergebnisse erzielen. Und wo keine Einsatzstrategie existiert, fehlen für Personal und Material die nötigen Operationsrichtlinien, und bestehende Einsatzstrategien sind nur dann effektiv, wenn Mann, Gerät und Organisation zu ihrer Umsetzung taugen. Eine Bewältigung dieser Kardinalprobleme ist also zwingend nötig (Kraus/Drexl 2019).

Wir sollten uns zudem vor Augen halten, dass diese Herausforderung nicht nur uns selbst angeht, sondern weltweite Implikationen besitzt: Unsere Bündnispartner dürfen mit Fug und Recht erwarten, dass Deutschland mit seinen Streitkräften den Aufgaben gerecht wird, die es mit dem Eintritt in die Vereinten Nationen, die NATO, die EU und andere sicherheitspolitisch relevante Organisationen zu übernehmen versprochen hat.

Stattdessen ist Deutschland gerade im Rahmen des nordatlantischen Bündnisses zum sicherheits- und militärpolitischen Trittbrettfahrer der USA geworden, verlässt sich mehr denn je auf die Sicherheit des atomaren Schutzschildes der Amerikaner und hat wohl selbst aus dem Blick verloren, welchen Ansehensverlust es damit weltweit erleidet. Auch dieser fatalen Fehlentwicklung muss daher durch eine Bewältigung der beschriebenen Kardinalprobleme begegnet werden. Denn nicht nur unsere eigenen Bürger, sondern auch unsere westlichen Partner haben einen Anspruch darauf, dass Deutschland seiner sicherheitspolitischen Rolle im weltweiten Mächtekonzert gerecht wird.

# 1. Akt: Das Weißbuch der Bundesregierung

Vom „Weißbuch zur Sicherheitspolitik und zur Zukunft der Bundeswehr" des Jahres 2016 waren daher mit gutem Grund Konzepte zur Bewältigung dieser Kardinalprobleme zu erwarten (Geis 2019). Es trat an die Stelle des Vorgängerdokuments aus dem Jahre 2006, das nach einem Jahrzehnt den neuesten sicherheitspolitischen Herausforderungen nicht mehr gerecht werden konnte (Jacobi/Hellmann 2019).

Vorausgegangen war ein intensiver Vorbereitungsprozess seit Februar 2015 „mit über 200 international renommierten Fachleuten aus Politik, Wissenschaft, Medien und Industrie". In der Folge fanden insgesamt zehn Workshops mit über 1800 fachlich ausgewiesenen Teilnehmern statt, und darüber hinaus „über 500 Gespräche mit mehr als 1500 Spezialisten" sowie mehr als 70 Vortragsveranstaltungen landesweit (Wege zum Weißbuch 2016: 19). Ausweislich der „Wege zum Weißbuch" beteiligten sich auch Parteien, Kirchen, Gewerkschaften und Verbände mit Veranstaltungen an diesem Prozess, und interessierten Bürgerinnen und Bürgern wurde über die Weißbuch-Seite im Internet (www.weissbuch.de) ebenfalls Gelegenheit zur Mitwirkung geboten.

Die zehn zentralen Workshops signalisieren schon durch ihre Titel die thematische Breite des Diskussionsprozesses: „Perspektiven der Sicherheits- und Verteidigungspolitik" bildeten im April 2015 den Auftakt, gefolgt von solchen „der Partnerschaften und Bündnisse" und „des nationalen Handlungsrahmens". Im Juni 2015 stand dann die „Herausforderung Krisenfrüherkennung" im Fokus, unmittelbar gefolgt von den „Perspektiven hybrider Kriegführung". Im September und Oktober des Jahres schlossen sich perspektivische Tagungen zu den Schwerpunkten „Bundeswehr und Gesellschaft", „Entwicklung und Sicherheit" sowie „Cybersicherheit" an. Der zehnte Workshop zu den „Perspektiven der Bundeswehr" im Oktober bildete den Abschluss. Anschließend wurde das Dokument unter Federführung des BMVg im üblichen Verfahren der Ressortabstimmung fertigstellt und im Juli 2016 der Öffentlichkeit vorgestellt (Thiels 2019: 181-182).

*Das Weißbuch im Überblick*

Produkt dieses erfreulich inklusiv gestalteten Diskussions- und Entscheidungsprozesses ist ein 142 Seiten umfassendes Dokument, das schon durch seinen Titel „Weißbuch zur Sicherheitspolitik und zur Zukunft der Bundeswehr" große perspektivische Breite signalisiert und auch die Tatsache spiegelt, dass es sich hier um ein Planungsdokument der gesamten *Bundesregierung* handelt und nicht nur des Verteidigungsressorts (Weißbuch 2016).

Daraus resultiert auch seine Zweiteilung: Im ersten allgemeinen Teil werden die „Grundzüge deutscher Sicherheitspolitik", „Deutschlands sicherheitspolitisches Umfeld" und „Deutschlands strategische Prioritäten" ganz allgemein abgehandelt. Einem umfassenden Sicherheitsbegriff verpflichtet, erstreckt sich dies ja nicht nur auf die Verteidigungs- und Militärpolitik im engeren Sinne, sondern betrifft auch etliche andere Politikfelder, insbesondere die Außen-, Innen- und Wirtschaftspolitik sowie die Entwicklungszusammenarbeit.

Erst im zweiten Teil des Dokuments steht dann die „Zukunft der Bundeswehr" im Fokus, die auf gut 50 locker gesetzten und mit vielen großformatigen Bildern garnierten Seiten in vier Schritten abgehandelt wird (Weißbuch 2016: 87-139). Nach einem kurz gehaltenen Grundsatzabschnitt zu den Anforderungen an die „Bundeswehr der Zukunft" (Landes- und Bündnisverteidigung, Heimatschutz einschließlich nationaler Krisen- und Risikovorsorge, multinationale Sicherheitszusammenarbeit, Cybersicherheit) werden in Teil 6 drei „Leitprinzipien für die Bundeswehr der Zukunft" benannt, die dem zugrunde liegen sollen:

„Multinationalität und Integration" spiegeln das Erfordernis, dieses Aufgabenportfolio in den Rahmen internationaler Sicherheitsarchitekturen einzubetten; „Flexibilität und Agilität mit einem ‚Single Set of Forces'" die Notwendigkeit, alle nationalen und internationalen Aufgaben mit ein und derselben Streitkraft zu bewältigen; „Ausrichtung auf vernetztes Handeln im nationalen und internationalen Rahmen" in Ergänzung zum ersten Leitprinzip die Herausforderung, dies auch ressortübergreifend zu tätigen.

Nach erneut recht kurzen allgemeinen „Vorgaben für die Fähigkeiten der Bundeswehr" (Führung, Aufklärung, Wirkung, Unterstützung) werden dann in Teil 8 acht konkrete „Gestaltungsbereiche für eine zukunftsfähige Bundeswehr" ausgeflaggt, mithin das konkrete

Pflichtenheft für die künftige Streitkräfteplanung. Neben den entsprechend anzupassenden rechtlichen Rahmenbedingungen werden dabei die „Verankerung der Bundeswehr in der Gesellschaft", die Innere Führung sowie „neue Wege im Traditionsverständnis" benannt. „Nachhaltige finanzielle Rahmenbedingungen", „moderne, nachhaltige und demographiefeste Personalpolitik" und „bestmögliche Ausrüstung zur Auftragserfüllung" treten noch hinzu, beschlossen vom Plädoyer für eine „agile und adaptionsfähige Organisation".

Anschließend an diesen Kurzüberblick zur Gesamtarchitektur des Weißbuchs und zu den dabei festgestellten thematischen Schwerpunkten ist im Weiteren nun genauer zu fragen, inwieweit das Dokument auch genügend konkrete Festlegungen beinhaltet, wie dieses allgemein gehaltene Pflichtenheft in die militärpolitische Praxis umgesetzt werden soll. Genau dies ist ja der Sinn eines Weißbuchs: nicht nur prinzipiell zu Regelndes zu benennen, sondern auch die dazu nötige Handlungsagenda präzise auszuflaggen.

Als Messlatte dafür, ob dies dem Dokument auch gelingt, dient im Folgenden nun die Systematik der sechs Kardinalprobleme, mit der ich den Niedergang der Bundeswehr im vorhergehenden Abschnitt dieser Abhandlung erfasst habe. Denn die Qualität eines Grundsatzdokuments zur Bundeswehrplanung bemisst sich natürlich vor allem daran, ob es überzeugende Perspektiven und Konzepte zur Überwindung dieser Kardinalprobleme zu bieten hat (Fuhrmann 2019).

Dieses erste Kardinalproblem der Bundeswehr ist angesichts seiner Vielgestaltigkeit kaum zu übersehen und gerade militärischen Praktikern nicht zuletzt aus eigenem Interesse bestens bekannt. Denn die starke Verringerung vollaktiver und gekaderter Truppengliederungen führte auch zu einem eklatanten Schwund hoch dotierter Führungsposten, der die Attraktivität der Bundeswehr als Arbeitgeber empfindlich beschädigt: Hatte früher auch jeder durchschnittlich beurteilte Stabsoffizier eine reelle Chance, Bataillonskommandeur zu werden, ist heute selbst für bestens qualifizierte Generalstabsoffiziere eine derartige Verwendung zumindest in der eigenen Truppengattung nicht mehr garantiert. Die karrieretechnischen Auswirkungen der Streitkräftereduktion sind also unübersehbar.

Das Weißbuch der Bundesregierung vernachlässigt das Gesamtproblem aber souverän und schreibt damit ein Muster fort, das schon in der damals aktuellen „Konzeption der Reserve" (KdR) von 2012 und der zu diesem Zeitpunkt gültigen „Konzeption der Bundeswehr" (KdB) von 2013 deutlich geworden war: Denn auch diese beiden Dokumente gingen an keiner Stelle genauer auf das Aufwuchserfordernis ein. Zwar sind beide Dokumente inzwischen durch Nachfolgeversionen ersetzt worden, die weiter unten genauer evaluiert werden, aber für den Entstehungskontext des Weißbuchs müssen natürlich die damals geltenden Versionen in den Blick genommen werden.

So etwa hieß es im Unterabschnitt „Personalmanagement der Bundeswehr" der KdB von 2013 zur Aufwuchsproblematik überaus präzise: „Ziel der Personalentwicklung ist es, den Personalbedarf der Bundeswehr leistungs- und potenzialorientiert zu decken und zu steuern. Sie trägt damit zu einer – soweit möglich [sic!, M.S.] – die Interessen der Angehörigen der Bundeswehr wahrenden chancengerechten Stellen- und Dienstpostenbesetzung sowie Karrieregestaltung bei" (KdB 2013: 52). Konkreteres fand sich nicht.

Genauso oberflächlich verblieb die KdR von 2012 im dazu zentralen Abschnitt „Rolle der Reserve in der Aufgabenwahrnehmung der Bundeswehr". Zur „Landesverteidigung als Bündnisverteidigung im Rahmen der NATO" hieß es dort lapidar: „Reservisten ergänzen bedarfsgerecht das durch die Bundeswehr bereitgestellte Kräftedispositiv zur schnellen, wirksamen und zeitlich begrenzten Reaktion im multinationalen Rahmen" (KdR 2012: 5).

Ebenso kurze Bemerkungen fanden sich zu ihrer Rolle bei der „Internationale(n) Konfliktverhütung und Krisenbewältigung" sowie im Rahmen der Gemeinsamen Sicherheits- und Verteidigungspolitik (GSVP) der Europäischen Union. Und unter der Überschrift „Beiträge zum Heimatschutz" wurden die Ausführungen nur einmal bei der Benennung der Kreis- und Bezirksverbindungskommandos sowie der RSU-Kräfte etwas konkreter (KdR 2012: 6-7).

Die alles entscheidende „Aufwuchsfähigkeit der Streitkräfte" war am Ende aber nur in der Anlage 3 der KdR in einer zwar optisch netten, aber viel zu allgemein gehaltenen Graphik mit dem Titel „Gesamtstaatliche Sicherheitsvorsorge" thematisiert. Die übrigen Passagen der KdR reduzierten diese Aufwuchsfähigkeit dann im Wesentlichen wieder auf die kümmerlichen „Ergänzungstruppenteile", die ich weiter oben beschrieben habe. Die Misere bei der Reserveplanung war also schon in diesem Dokument aus dem Jahr 2012 angelegt.

Das Weißbuch von 2016 unterschreitet dieses planerische Niveau dann aber nochmals. Lediglich bei den Anmerkungen zur Bedeutung des Reservistendienstes finden sich dazu sanfte Anklänge: „Die Reserve der Bundeswehr bleibt auch in Zukunft für Landes- und Bündnisverteidigung, Heimatschutz sowie Einsätze im Rahmen des internationalen Krisenmanagements unverzichtbar" (Weißbuch 2016: 125). Das ist in dieser Allgemeinheit und Pauschalität natürlich unbestreitbar und nur zu unterstreichen. Aber auch in einem verteidigungspolitischen Grundsatzdokument, das nicht jedes Detail benennen muss, sollte dieser Problemzusammenhang schon etwas genauer ausbuchstabiert und zu konkreteren Folgerungen geführt werden.

Denn allein die Nennung des breiten Aufgabenportfolios zwischen Verteidigung, Heimatschutz und Auslandsmissionen zieht ja zwingend die Frage nach sich, welche Ressourcen dafür nötig sind. Die Bürger unseres Landes haben schließlich bei einem für die Öffentlichkeit gedachten Programmdokument der Bundesregierung allen Anspruch darauf, zumindest den generellen Ansatz zur Bewältigung der genannten Aufgaben zu erfahren. Das bleibt das Weißbuch schuldig.

Umfang und Brisanz der Personalprobleme, mit denen die Bundeswehr konfrontiert ist, sind also unübersehbar und verlangen nach zügiger und entschlossener Lösung. Leider bleibt das Weißbuch auch dafür schlüssige Konzepte schuldig. Stattdessen wird auf einigen locker gesetzten Seiten unter dem Titel „Moderne, nachhaltige und demographiefeste Personalpolitik" (Weißbuch 2016: 118) lediglich an der Oberfläche des Phänomens gekratzt, ohne ihm in seiner Breite und Tiefe wirklich gerecht zu werden.

Es ist ja richtig erkannt: Eine „Trendwende" im Personalwesen der Bundeswehr ist überfällig, denn „die aktuelle und zukünftig zu erwartende sicherheitspolitische Lage erfordert eine Anpassung der geltenden Personalstärken im militärischen und zivilen Bereich" (Weißbuch 2016: 119). Wo dies stattfinden muss, habe ich schon erläutert.

Fatalerweise umfassen die restlichen Seiten zur Thematik aber nichts Konkretes. Stattdessen finden sich wiederum nur allgemeine Ausführungen zu einer zielgruppenspezifischen und Karrierebelange der Arbeitnehmer berücksichtigenden „Personalstrategie" (Weißbuch 2016: 120), eine „Agenda Attraktivität", bei der „moderne Unterkünfte", „flexible Arbeitsbedingungen", „Kinderbetreuungsangebote", „eine zeitgemäße IT-Ausstattung" und „die Verbesserung der Vergütung und sozialen Absicherung vieler [sic!, M.S.] Soldatinnen und Soldaten" im Fokus stehen, sowie die

Prinzipien „Chancengleichheit, Vielfalt, Inklusion" (Weißbuch 2016: 122-123).

Wüsste man nicht, dass dies im sicherheitspolitischen Weißbuch der Bundesregierung steht, könnte das auch dem Leitbild eines beliebigen deutschen Unternehmens entstammen. Abgesehen davon, dass Vergütung und soziale Absicherung natürlich nicht nur vielen, sondern ausnahmslos allen Soldatinnen und Soldaten zustehen, sind diese Grundsätze ja völlig unstrittig! Aber gerade weil sie es sind, kann man sie doch schon als gegeben voraussetzen und in einem nächsten Schritt gleich konkreter werden.

Stattdessen finden sich wiederum nur allgemeine Ausblicke, in welchen die wachsende Vielfalt der deutschen Gesellschaft als „Chance" begriffen wird: „Ziel ist ein modernes Diversity Management in der Bundeswehr, das vorhandene Potenziale besser nutzt und weitere strategisch erschließt. Im Blickfeld stehen Bereiche wie Alter, Behinderung, ethnische oder kulturelle Herkunft, Geschlecht, Religion oder sexuelle Orientierung. Diversity Management beginnt als Führungsaufgabe. Dies unterstreicht den querschnittlichen und strategischen Charakter dieser Aufgabe für die gesamte Bundeswehr" (Weißbuch 2016: 123).

Einmal abgesehen von der Tatsache, dass dem Durchschnittsbürger das Konzept des *Diversity Management* nicht geläufig ist und deshalb wenigstens kurz erläutert werden sollte, wird es auch dann nicht konkreter. Einmal mehr: Die Grundsätze sind ja unstrittig, aber sie müssen schon präziser gefasst sein!

Besonders enttäuschend und geradezu bestürzend kurz fallen schließlich die Ausführungen zum „Reservistendienst" aus. Richtig ist natürlich: „Die Reserve der Bundeswehr bleibt auch in Zukunft für Landes- und Bündnisverteidigung, Heimatschutz sowie Einsätze im Rahmen des internationalen Krisenmanagements unverzichtbar. Reservistinnen und Reservisten leisten nicht nur einen wertvollen Beitrag im gesamten Missionsspektrum der Bundeswehr im In- und Ausland. Ihr nachhaltiges Engagement ist auch Symbol für die feste Verankerung der Truppe in der Gesellschaft" (Weißbuch 2016: 125).

Aber gerade die zuletzt genannte und über Jahrzehnte gewachsene „feste Verankerung" ist durch die letzten Bundeswehrreformen massiv untergraben worden. Das liegt nicht nur am weitgehenden Abbau gekaderter Verbände, die früher den Großteil der Reservisten an sich banden, sondern auch an der Schließung vieler Bundeswehrstandorte, wodurch die Streitkräfte in vielen Regionen der Republik aus dem Gesichtskreis der Gesellschaft verschwunden sind.

Kurzum: Auch die Passagen zur Personalpolitik der Bundeswehr sind am Ende in ihrer Pauschalität und ihrer Oberflächlichkeit völlig unbefriedigend. Fraglos können nicht alle Details in einem Weißbuch der Bundesregierung aufgeführt sein, das als Rahmendokument nur die Grundlinien ausweisen soll und Einzelheiten in konkreter gefasste Unterdokumente auslagern kann. Aber auch die schon 2013 erlassene „Konzeption der Bundeswehr" sowie die „Konzeption der Reserve" von 2012 waren dem komplexen Problemszenario nicht annähernd gerecht geworden, und auch ein Weißbuch selbst darf nicht so oberflächlich ausfallen: Als an die allgemeine Öffentlichkeit gerichtete Planungsgrundlage der Bundesregierung muss es schon so konkret sein, dass der Bürger ohne weitere Recherche versteht, welche konkreten Maßnahmen aus den ja schönen und guten Grundsätzen erwachsen sollen.

*Soziale Verankerung*

Das Weißbuch der Bundesregierung meint dem nun unter der Überschrift „Verankerung der Bundeswehr" mit rund zwei Seiten Text gerecht zu werden. Das kann natürlich nicht gelingen. Wiederum finden sich mehrfach Allgemeinplätze, die in ihrer Pauschalität ja stimmen: „Die Menschen in diesem Land wissen um die Bedeutung des Dienstes unserer Staatsbürgerinnen und Staatsbürger in Uniform. Sie verlassen sich auf sie, sie sind dankbar und sie fühlen sich mit ihnen verbunden. Ihr Interesse für sie ist aufrichtig. Das äußert sich in einer Vielzahl von wertschätzenden Gesten und Worten. Auch Umfragen belegen mit steigender Tendenz, dass eine Mehrheit der Deutschen der Bundeswehr hohe Wertschätzung und Vertrauen entgegenbringt" (Weißbuch 2016: 111). So hätte ich es weiter oben auch formulieren können.

Aber diese Aussage stellt eben nur auf die Ebene der generellen Akzeptanz der Bundeswehr ab und blendet aus, ob sie auch durch praktische Begegnungen von Soldaten und Zivilisten mit Leben erfüllt wird. Lediglich ein kleiner Absatz von sieben Textzeilen ist dieser kardinalen Frage gewidmet und zeichnet die Situation doch reichlich weich: „Eine Viertelmillion Menschen dient und arbeitet in der Bundeswehr. Jedes Jahr treten tausende Frauen und Männer neu ein. Genauso verlassen jedes Jahr tausende Soldatinnen und Soldaten die Bundeswehr und wechseln in ein ziviles Berufsleben. Dazu kommen die Reservistinnen und Reservisten, die sich den Streitkräften weiterhin verpflichtet fühlen und sie nach ihrem aktiven Dienst freiwillig unterstützen. Dieser stetige Wechsel und lebendige Austausch sorgen auch nach der Aussetzung der Wehrpflicht dafür, dass sich in der Bundeswehr alle gesellschaftlich relevanten Gruppen widerspiegeln. Aktive wie ehemalige Soldatinnen und Soldaten sind wesentliche Multiplikatoren für die Bundeswehr" (Weißbuch 2016: 111).

Prima! Besser könnte die soziale Verankerung der Bundeswehr derzeit also nicht sein. Aber abgesehen von der Tatsache, dass die Streitkräfte nach der Wehrpflichtaussetzung eben schon längst nicht mehr die gesellschaftliche Vielfalt abbilden, ist es schon entlarvend, „Verpflichtung" und „freiwillige Unterstützung" der Bundeswehr nur bei den Reservistinnen und Reservisten zu verorten. Und überdies ist es bei einem Volk von über 80 Millionen Staatsangehörigen eben nicht damit getan, dass jährlich wenige tausend Bürger zwischen den Streitkräften und dem Zivilleben hin- und herwechseln.

Denn bei dieser Zahlenrelation ist eine vitale „Verankerung der Bundeswehr in der Gesellschaft" schon rechnerisch sehr unwahrscheinlich, und das eben beschriebene Verschwinden der Streitkräfte aus der Fläche tut ein Übriges: Wo keine Standorte mehr existieren und eine heimatnahe Dienstverwendung nicht mehr möglich ist, wird die große Mehrheit der Soldaten zu Wanderarbeitern, die zum Teil über große Distanzen zwischen ihrer dienstlich-militärischen und ihrer privaten Welt pendeln. Beide Welten sind dann faktisch kaum mehr zu vernetzen, was naturgemäß bei in Auslandseinsätzen befindlichen Bundeswehrangehörigen noch wesentlich stärker ausgeprägt ist.

Auch hier darf man freilich nicht in das andere Extrem verfallen: Streitkräfte waren und sind immer von einer besonderen, eben militärischen Organisationskultur geprägt, die ihnen im Rahmen einer Gesellschaft stets eine Sonderrolle verschaffen und Fremdheitsgefühle gerade bei ausgeprägt pazifistischen Bürgern erzeugen (Hagen/Tomforde 2005). Das wird auch durch die beste Beziehungspflege zwischen Bundeswehr und ihrer Umwelt nicht komplett zu beseitigen sein. Und auch die große Mobilität, die der Soldatenberuf durch häufige Versetzungen mit sich bringt, ist nicht erst mit den jüngsten Standortschließungen entstanden. Sie ist vielmehr für die Streitkräfteplanung und nicht zuletzt für die Karriereperspektiven der Soldaten unabdingbar. Doch beide Herausforderungen haben seit der Aussetzung der Wehrpflicht bzw. der Verkleinerung der Bundeswehr noch massiv an Virulenz gewonnen.

Das scheinen wohl auch die Verteidigungsplaner erkannt zu haben, denn immerhin finden sich im Weißbuch anschließend auch ein paar Zeilen, wie die Bundeswehr ihre soziale Vernetzung intensivieren könnte: „Sie schafft persönliche Erleb- und Erfahrbarkeit, zum

Beispiel durch Ausstellungen, Informationsangebote, den ‚Tag der Bundeswehr‘, Praktika und Reservedienstleistungen in der Truppe" (Weißbuch 2016: 112).

Ein beeindruckendes Instrumentarium, gerade angesichts der Tatsache, dass der „Reservedienst" erst ganz zuletzt genannt und anschließend nur noch mit ein paar weiteren Zeilen bedacht wird, die „ihn attraktiv" zu halten versprechen und auch den ausgeschiedenen, gesundheitlich versehrten oder schon verstorbenen Soldaten gedenken. Ein politisch-bildnerisches Sahnehäubchen krönt dann diese Kurzskizze: Die Bundeswehr „gestaltet den sicherheitspolitischen Diskurs in der Gesellschaft mit [...] und entwickelt ihr Konzept der Politischen Bildung weiter" (Weißbuch 2016: 112).

So geht es natürlich nicht. Wer die Bezüge zwischen Bundeswehr und Gesellschaft derart weichzeichnet, musst sich nicht wundern, wenn er am Ende in seiner eigenen Vorstellungswelt gefangen bleibt, die mit der Wirklichkeit nicht mehr korrespondiert. Denn wer heute über die generelle Akzeptanzproblematik hinaus mit Bürgern konkrete Bundeswehrprobleme erörtern möchte, stößt mangels vorhandener Grundkenntnisse schnell an kommunikative Grenzen und zudem auf Desinteresse.

Jeder versuche einmal auf eigene Faust, die von mir weiter oben erörterten Strukturprobleme und Kapazitätsgrenzen der stehenden Heeresbrigaden und -divisionen mit Zivilisten zu diskutieren: Obwohl das für die Effektivität unseres Feldheeres und damit für unsere Verteidigungsfähigkeit zentral ist, ist die Sensibilität des Durchschnittsbürgers dafür, ob ein Artilleriebataillon mehr oder weniger für eine Brigade wichtig ist, kaum von Interesse. Das soll nicht als billige Bürgerschelte missverstanden werden: Denn wenn die Gesellschaft nicht konkret mit der Streitkräfteproblematik konfrontiert wird, braucht man sich nicht zu wundern, wenn die soziale Sensibilität dafür begrenzt ist.

*Material*

Wie schon angesprochen ist gerade die Ausrüstungsmisere der Bundeswehr inzwischen in ihrer Dimension richtig erkannt, und insbesondere die seit 2014 laufende Bestandsaufnahme des gesamten Rüstungsmanagements deutet zunächst darauf hin, dass diesem Kardinalproblem umfassend begegnet werden soll. Gemäß Weißbuch wurde dafür auch unter Einbindung externer Berater eine „Agenda Rüstung" formuliert, die eine „Definition eines rüstungspolitischen Kurses zur strategischen Ausrichtung des Rüstungswesens" umfasst, eine „Festlegung operativer Zielrichtungen zur Modernisierung des Rüstungswesens" vornimmt sowie „den Aufbau sowie die Optimierung tragfähiger Grundlagen zur Sicherstellung der Steuerungs- und Kontrollfähigkeit" (Weißbuch 2016: 126) des Rüstungswesens projektiert.

Neben der Verbesserung der Projektsteuerung und der „Stärkung des Vertragswesens", einer personellen Stärkung des Rüstungsbereichs sowie einem neu eingeführten „Risikomanagement" legt diese Agenda besonderen Wert auf die multinationale Kooperation: „Eine eigenständige, leistungsfähige und wettbewerbsfähige Verteidigungsindustrie in Europa einschließlich der nationalen Verfügbarkeit von Schlüsseltechnologien ist unverzichtbar", und Kooperation und wohl auch Kosteneffizienz sollen durch den „Lead-Nation Ansatz" (Weißbuch 2016: 127) gestärkt werden.

Einmal mehr kann diesen generellen Grundsätzen nur beigepflichtet werden, denn natürlich tut ein effektiveres Rüstungsmanagement angesichts der aufgelaufenen Probleme dringend not, und multinationale Kooperation ist dabei nicht nur aus Kostengründen nötig, sondern auch zur streitkräfteübergreifenden Standardisierung der Ausrüstung. Jedoch findet sich dazu auf den folgenden Seiten kaum Konkretes.

Stattdessen wird zunächst recht blumig einem „Kulturwandel" des Rüstungsmanagements das Wort geredet, dessen „Erfolgsfaktoren [...] die Umsetzung einer wertebasierten Führungskultur, das Vorleben einer Wahrheits-, Streit- und Fehlerkultur sowie die Aus-/Weiterbildung von Führungskräften für eine solche Kultur" (Weißbuch 2016: 128) seien. Wie schön! Und die übrigen wenigen Seiten zur Thematik sind dann zumeist nur dem Prozessaspekt dieses Rüstungsmanagements („Multinationale Rüstungskooperation mit neuem Ansatz", „Transparenz als strategisches Prinzip") gewidmet.

Lediglich die Passagen zur „Innovation als Schüssel der Zukunftssicherung" werden auch inhaltlich etwas konkreter, aber mit einem technologieversessenen Tenor, den ich gerade eben schon mit einem Fragezeichen versehen habe: „Rüstung muss deshalb auch Hochtechnologie sein" heißt es dort, „denn die

Wirkung der Schutztechnologie hat sich im 20. Jahrhundert wesentlich verbessert; gleichzeitig wurden Wirksysteme präziser und reduzierten damit potenziell auch den Schaden für Unbeteiligte; zudem sind Einsätze heute hochvernetzt – über Satellitenanbindung und verschlüsselte Kommunikation" (Weißbuch 2016: 131).

Dass die Autoren dabei gerade von den letzten Punkten nicht selbst nachdenklich gestimmt werden, ist wiederum bedenklich. Denn sie verdeutlichen ja doch zwischen den Zeilen, wie störanfällig solche Kommunikationssysteme sind: Der Abschuss einiger GPS-Satelliten, der großen Militärmächten schon heute problemlos gelingen würde, könnte sie ebenso lahmlegen wie das Knacken von Verschlüsselungscodes und die Einschleusung von Computerviren.

Einmal mehr: „Die heutigen Herausforderungen rund um die Bereiche Cyber- und Informationsraum und Digitalisierung, Autonome Systeme und Hybridisierung" [bei sog. *Dual-Use*-Anwendungen zwischen Streitkräften und zivilem Bereich, M.S.] (Weißbuch 2016: 131) sollen damit ja gar nicht kleingeredet, sondern es müssen auch die damit verbundenen militärischen Risiken in den Fokus gerückt werden! Das bleibt das Weißbuch leider schuldig, und zudem fehlen genauere Angaben zu den *inhaltlichen* Schwerpunkten dieser Rüstungsplanung. Das kann natürlich schon deshalb nicht gelingen, weil der Fokus der Planer ja nur auf den Ist-Bestand der Streitkräfte gerichtet ist. Vernünftige Ausrüstungskonzepte müssten stattdessen auch die von mir eingeforderte Aufwuchsorganisation berücksichtigen, deren Bedürfnisse von vornherein anders aussehen werden als die der aktiven Truppenteile.

Fatal ist darüber hinaus, dass sich keinerlei Ausführungen zur Sicherstellung des Rüstungsnachschubs finden. Schon jetzt ist ja die Ausstattungslage vor allem der Ergänzungstruppenteile überaus beschämend: Wie konnte man etwa in der schon erwähnten Struktur HEER2011 zwischenzeitlich auf die Idee kommen, nicht einmal die verbliebenen sechs Panzerbataillone vollständig auszurüsten, sondern die damals noch teilaktiven (Gebirgspanzerbataillon 8, Panzerbataillon 414) zur gemeinschaftlichen Nutzung desselben Großgeräts mit ihren aktiven Patenbataillonen (Panzerbataillone 104 bzw. 93) zu nötigen? Denn bei einer Sollstärke von 44 Kampfpanzern pro Bataillon reichten die damals zur Verfügung stehenden 225 Leopard 2 natürlich nicht für alle sechs Verbände.

Auch die anderen Ergänzungstruppenteile des Heeres verfügen zumeist nicht über eigenes Großgerät, sondern werden am Material ihres Patenverbandes ausgebildet. Schon damit nimmt man ihnen also die Möglichkeit, im Verteidigungsfall zu einem funktionsfähigen Verband aufzuwachsen. Eine vollwertige Reserve sind sie deshalb nicht. Immerhin: Wenigstens in der Panzertruppe wird dieser Missstand durch den Zulauf weiterer 100 Leoparden im Rahmen der Vollaktivierung der beiden bisher gekaderten Bataillone beseitigt.

So geht es natürlich nicht, zumal damit eine noch viel größere Dimension der gesamten Rüstungsmisere deutlich wird: Wenn es schon in Friedenszeiten Probleme bereitet, die spärlichen Kampftruppenverbände mit ihrer Sollausstattung zu versehen, wie soll dann in Einsatzzeiten mit hohem Materialverschleiß und insbesondere nach dem Aufwuchs zusätzlicher Verbände eine nachhaltige Logistik sichergestellt werden? Darauf gibt das Dokument keine Antworten.

*Organisation*

Das Weißbuch hat auch die strukturellen Reformerfordernisse durchaus im Blick. Unter der Überschrift „Agile und adaptionsfähige Organisation" (Weißbuch 2016: 133) kann man deshalb mit gutem Grund Wegweisendes zur Lösung der benannten Strukturprobleme erwarten. Leider wird diese Hoffnung einmal mehr gründlich enttäuscht, denn wiederum schließen sich an diesen verheißungsvollen Untertitel nur zwei locker gesetzte und zudem recht wenig ambitionierte Passagen an.

Das zeigt sich schon in den ersten Zeilen: „Die Organisation, die durch die jüngste Neuausrichtung der Bundeswehr geplant wurde, wird bis 2017 überwiegend umgesetzt sein. In den neuen Strukturen und Prozessen werden alle Fähigkeiten teilstreitkraftübergreifend und bundeswehrgemeinsam ausgerichtet. Diese Errungenschaften werden im Sinne einer kontinuierlichen Modernisierung gesichert und fortgeschrieben" (Weißbuch 2016: 133).

Soll also heißen: Die derzeit eingenommene Organisationsstruktur soll mit allen ihren Mängeln auf Dauer fortgeschrieben werden. Zwar wird in diesen Passagen das „*Joint*"-Erfordernis durchaus in seiner Prominenz erkannt, doch ist es dann umso unverständlicher, dem mit den klassischen Bundeswehrstrukturen gerecht werden zu wollen. Stattdessen werden folgende organisatorische „Weiterentwicklungen" in den Fokus gerückt: „Erhöhung der Strategie-, Steuerungs- und Führungsfähigkeit; Steigerung der Agilität; Ausbau der Digitalisierung und Vernetzung sowie Stärkung und Weiterentwicklung einer gemeinsamen Organisationskultur" (Weißbuch 2016: 134).

So könnte es einmal mehr in der Werbebroschüre eines beliebigen Großunternehmens stehen, und fatalerweise wird auch in den anschließenden Formulierungen deutlich, dass bei dieser Reform vor allem ‚unternehmensinterne' *Prozessabläufe* der bestehenden Organisation optimiert werden sollen. Sowohl eine genauere Bestimmung der gewandelten Zwecke, auf die diese Strukturen zugeschnitten werden müssten, als auch weiter reichende Umbaukonzepte fehlen.

Die exemplarisch genannten Schwerpunkte sind doch entlarvend: „So müssen zum Beispiel Rüstungs- oder auch Personalprozesse mit klaren operativen Vorgaben versehen werden (Service Level Agreements), um Messbarkeit und kontinuierliche Steuerung herzustellen. Dadurch werden alle relevanten Abläufe kontinuierlich auf die effektive Auftragserfüllung ausgerichtet" (Weißbuch 2016: 134). Spätestens bei der Lektüre dieses verquasten Managerjargons, der weder von der Öffentlichkeit verstanden noch von der Truppe akzeptiert werden wird, machen sich die Schattenseiten einer zu starken Einbindung externer Akteure negativ bemerkbar.

Hier schlägt der Stil der Unternehmensberatungsbranche voll durch, sowohl hinsichtlich Diktion als auch bezüglich der inhaltlichen Schwerpunktsetzung. Denn wie im zivilen Leben auch sind Unternehmensberatungen eben in erster Linie mit der Struktur- und Prozessoptimierung bestehender Organisationen beschäftigt (Schwan/Seipel 2002). Ihre inhaltliche Zweckbestimmung muss dagegen schon von den Unternehmen selbst kommen, und das gilt umso mehr für die Bundeswehr.

Stattdessen und in Fortführung dieser verengten Prozessperspektive wird dann nur noch ein nichtssagender Maßnahmenkatalog gelistet: Ihm zufolge werden „eine zielorientierte, strategische Steuerung sukzessive eingeführt; die Rolle des Lenkungsausschusses auf Ebene der beamteten Staatssekretäre und des Generalinspekteurs der Bundeswehr weiter gestärkt; die Strategiefähigkeit des Geschäftsbereichs des Bundesministeriums der Verteidigung ausgebaut; […] die Prozessüberprüfung und -optimierung fortgesetzt; der Grad der Digitalisierung in der Organisation gesteigert […]; die Stärkung einer auf gemeinsamen Werten beruhenden und für den gesamten Geschäftsbereich des Bundesministeriums der Verteidigung verbindlichen Führungskultur fortgesetzt; die Vertrauens-, Verantwortungs- und Fehlerkultur weiter gestärkt sowie die Errichtung eines Compliance-Management-Systems ausgeplant" (Weißbuch 2016: 135).

Abgesehen davon, dass diese verschwurbelte Unternehmensberaterlyrik nun schon mehrfach zu durchleiden war, lässt dieser Katalog jegliche Zweckorientierung vermissen. Nötig wäre stattdessen gewesen, noch einmal den langen Aufgabenkatalog der Bundeswehr in Landesverteidigung, Heimat- und Katastrophenschutz sowie bei Auslandseinsätzen in Erinnerung zu rufen und dann konkreter auszuflaggen, wie diesen ja doch sehr unterschiedlichen Anforderungsprofilen künftig spezifisch entsprochen werden soll.

Ergo: Die organisatorische Planungsperspektive des Weißbuchs ist am Ende viel zu pauschal und unkonkret ausgefallen, um aufgabenspezifischen Strukturreformen eine präzise Marschkompasszahl zu geben, und sie ist auch generell viel zu sehr mit der Optimierung von Prozessen befasst und bleibt damit eine dieser Aufgabenvielfalt gerecht werdende Zweckbestimmung schuldig.

*Einsatzstrategie*

Auf diesem Hintergrund verwundert es dann natürlich nicht, dass das Weißbuch auch den einsatzstrategischen Anforderungen nicht gerecht wird. Zwar ist schon klar, dass es nicht Sinn eines Weißbuchs sein kann, alle Details einer neuen und den komplexen Anforderungen gerecht werdenden Einsatzdoktrin auszubreiten. Jedoch hat die deutsche Öffentlichkeit schon ein Recht darauf, wenigstens ihre Grundzüge zu erfahren. Aber selbst sie sucht man in diesem zentralen Planungsdokument der Bundesregierung vergebens.

Das ist eigentlich schade, denn im Kapitel 2 des Weißbuchs sind gerade die neuen sicherheitspolitischen Herausforderungen detailliert gelistet und erläutert. Mal davon abgesehen, dass auch sie nicht ohne Formulierungsschwulst auskommen und den Grundsatz „Man spricht Deutsch" oft ignorieren, gehören diese Passagen noch zu den besten Abschnitten des ganzen Dokuments.

Minutiös erfahren wir dort von den Umbrüchen der internationalen Ordnung, die mehr und mehr von „Multipolarität und Machtdiffusion" sowie „Infragestellung der regelbasierten euroatlantischen Friedens- und Stabilitätsordnung" gekennzeichnet sei, und auch das „Europäische Projekt" käme zunehmend „unter Druck" (Weißbuch 2016: 30-33).

Als konkrete Herausforderungen werden dann im Folgenden (in dieser Reihenfolge) der transnationale Terrorismus, die „Herausforderungen aus dem Cyber- und Informationsraum", zwischenstaatliche Konflikte, „fragile Staatlichkeit und schlechte Regierungsführung", „weltweite Aufrüstung und Proliferation von Massenvernichtungswaffen", Gefährdungen der internationalen Handels- und Kommunikationswege einschließlich der Energieversorgung, der Klimawandel, „unkontrollierte und irreguläre Migration" sowie „Pandemien und Seuchen" genannt (Weißbuch 2016: 34-45).

Dieses komplexe Anforderungsszenario steht am Ende außer Frage, doch stößt schon sauer auf, dass zwar sozialwissenschaftlich gut bekannte, aber in der Öffentlichkeit keineswegs selbstverständliche Begriffe unreflektiert verwendet und nicht genauer erläutert werden. Was hat sich der Durchschnittsbürger konkret unter „Machtdiffusion" vorzustellen, und was zeichnet die „regelbasierte" euroatlantische Friedens- und Stabilitätsordnung im Einzelnen aus? Und auch der Terminus „fragile Staatlichkeit" ist keineswegs im Alltagssprachgebrauch gängig und auch im Wissenschaftsdiskurs unterschiedlich besetzt (Schneckener 2006).

Kurzum: Einem sozialwissenschaftlich geschulten Leser werden diese Textpassagen als Kurzüberblick sicherlich hilfreich sein, aber für diesen speziellen Adressatenkreis ist das Weißbuch eben nicht gemacht. Es soll auch von der breiten Öffentlichkeit, die in diesem Jargon nicht bewandert ist, verstanden werden. Aber auch für die Experten selbst müssten die Begriffe genauer definiert werden, weil sie im wissenschaftlichen Diskurs oft unterschiedlich gefasst sind.

Das eigentlich Fatale ist aber nun, dass das Weißbuch über die bloße Dokumentation dieses Anforderungsszenarios kaum hinausreicht geschweige denn konkreter ausflaggt, wie eine dazu passende Einsatzstrategie künftig auszusehen hat. Natürlich ist schon klar, dass diesen vielfältigen Bedrohungen nicht nur durch die Bundeswehr alleine zu begegnen ist, sondern auch die Einbindung geeigneter ziviler Akteure erforderlich macht. Und ebenso unstrittig ist, dass dies heutzutage zumeist im internationalen Verbund geschehen muss und nicht im nationalen Alleingang.

Und trotzdem muss ein Weißbuch, das neben der „Sicherheitspolitik" auch und gerade die „Zukunft der Bundeswehr" projektiert, präzise darauf Antwort geben, welche Rolle unseren Streitkräften dabei zukommt und mit welchen einsatzstrategischen Grundlinien sie dabei operieren sollen.

Stattdessen ist in den betreffenden Passagen zumeist sehr allgemein von „Deutschlands strategische(n) Prioritäten" (Weißbuch 2016: 47-53) und den „Sicherheitspolitische(n) Gestaltungsfelder(n) Deutschlands" (Weißbuch 2016: 55-82) die Rede, ohne dem Erfordernis der Strategieentwicklung auch nur ansatzweise gerecht zu werden. Denn unter der Überschrift „Strategiefähigkeit fördern und ausbauen" findet sich am Ende nur auf S. 57 ein kurzer Abschnitt dazu, der geradezu hilflos wirkt.

Die „ressortübergreifende Strategieentwicklung der Bundesregierung" soll demzufolge weiter ausgebaut werden, wozu nicht zuletzt der Bundessicherheitsrat maßgeblich beizutragen hat. Darüber hinaus sollen „Kompetenzen in den Bereichen strategische Vorausschau, Steuerung und Evaluierung ausgebaut und miteinander verknüpft" sowie insbesondere „strategische Dokumente regelmäßig aktualisiert, aufeinander abgestimmt und möglichst mit messbaren Kriterien versehen werden". Als einzig konkretes Beispiel wird dann noch kurz auf den „Aktionsplan Zivile Krisenprävention" der Bundesregierung verwiesen, der aber schon aus dem Jahr 2004 datiert und durch ein „Nachfolgedokument" ersetzt werden soll.

Bundeswehrspezifisches findet sich in diesen kurzen Strategiepassagen aber leider überhaupt nicht, und auch die nachfolgenden Kapitel 5 und 6 des Weißbuchs, die „Auftrag und Aufgaben" unserer Streitkräfte „im veränderten sicherheitspolitischen Umfeld" sowie die „Leitprinzipien für die Bundeswehr der Zukunft" (Weißbuch 2016: 87-99) ausflaggen sollen, bleiben das schuldig. Auch dort werden die Ausführungen im Wesentlichen mit der Listung der vielfältigen Aufträge und Aufgaben der Streitkräfte bestritten, doch die daraus zu ziehenden strategisch-konzeptionellen Konsequenzen kommen viel zu kurz.

Dabei ist es durchaus richtig, unter den „Leitprinzipien" die „Multinationalität und Integration" militärischer Arbeit zu benennen, und die unter dieser Devise thematisierten Erfordernisse „bündnisgemeinsame(r) Fähigkeitsentwicklung" und der „Führung und Verantwortung als Rahmennation" sind ja durchaus wichtig. Das dafür „nur einmal vorhandene Kräftedispositiv („Single Set of Forces") muss das gesamte Aufgabenspektrum der Bundeswehr in seiner Vielfalt, Parallelität und unterschiedlichen Reichweite abbilden", was durch „Flexibilität und Agilität" der Streitkräfte und nicht zuletzt durch „vernetztes Handeln" erreicht werden soll (Weißbuch 2016: 98-99).

Wie das gelingen kann? „Dies gelingt mit einem ‚atmenden', an den Aufgaben orientierten Personalkörper; einem umfassenden Fähigkeitsprofil; einer modernen strukturgerechten Ausstattung zur Verbesserung der Einsatzbereitschaft und Reaktionsfähigkeit; ergänzenden Missionsausrüstungspaketen zur Aufgabenwahrnehmung im gesamten Einsatzspektrum; einer breit angelegten Ausbildung zur Qualifizierung des Personals für alle erwartbaren Szenare sowie dem Erschließen von Zukunftstechnologien" (Weißbuch 2016: 98).

Immerhin wissen wir nun ansatzweise, was einen „atmenden Personalkörper" ausmacht, doch von strategisch-inhaltlichen Grundlinien ist hier natürlich überhaupt nicht die Rede.

Es ist schon tragisch, dass das Weißbuch die Bundeswehr hier noch schlechter verkauft als nötig, denn es gibt ja durchaus konkrete streitkräfteinterne Programmdokumente bzw. Vorschriften, die man weiter ausbauen und miteinander zu einer ganzheitlichen Einsatzstrategie weiterentwickeln könnte. Natürlich darf nicht alles davon der breiten Öffentlichkeit zugänglich gemacht werden, denn Streitkräfte müssen auch künftig ihre konkreten strategischen, operativen und taktischen Maximen weitgehend geheim halten, um Gegnern gewachsen zu sein. Doch etwas konkreter geht es schon, gerade um bei den Bürgern nicht den fatalen und in dieser Pauschalität ja ungerechten Gesamteindruck zu erwecken, dass eine konkrete Einsatzstrategie mangels Nennung im Weißbuch überhaupt nicht existiere!

*Zwischenbilanz*

*Summa summarum*: Das Weißbuch bleibt auf die sechs Kardinalprobleme schlüssige und belastbare Antworten schuldig. Damit wird es seiner Kernaufgabe, sicherheits- und militärpolitische Richtschnur zu sein und die Grundlinien einer nachhaltigen Bundeswehrreform auszuflaggen, auch nicht annähernd gerecht.

Konkret: Die Notwendigkeit einer Aufwuchsorganisation wird erst gar nicht erkannt, die erheblichen

Personalrekrutierungsprobleme und insbesondere die Planung des Personalersatzes im Verteidigungsfall werden bagatellisiert, und die wachsende Distanz der Streitkräfte zur deutschen Gesellschaft wird ebenfalls schöngezeichnet. Die Ausrüstungsmisere der Bundeswehr wird zwar noch am ehesten erfasst, aber schlüssige Konzepte fehlen auch hier, so wie das Dokument auch dem Erfordernis der Organisationsreform nicht gerecht wird. Dass ein Grundsatzpapier zur sicherheits- und militärpolitischen Planung dann schließlich auch noch bei der Einsatzstrategiefrage versagt, kann abschließend als besonderer Treppenwitz der Reformgeschichte unserer Streitkräfte gelten.

Inhaltlich reicht das Weißbuch folglich an den meisten Stellen über eine flächige Diagnose der sicherheitspolitischen Probleme, die kursorische Beschreibung von Auftrag und Handlungsmaximen der Bundeswehr sowie Verweise auf Prozessoptimierungskonzepte aus der Unternehmensberatung nicht hinaus.

Oder noch schärfer gefasst: Was diese überaus locker formatierte Hochglanzbroschüre liefert, ist ein strategischer Offenbarungseid. Das Weißbuch unserer Bundesregierung bietet weder eine ehrliche militärpolitische Bestandsaufnahme, in der die planerischen Fehlleistungen der letzten Jahrzehnte zum Ausdruck kommen, noch schlüssige Konzepte zu ihrer Bewältigung. Es ist das schlechteste Verteidigungsweißbuch seit langem.

# 2. Akt: Die Konzeption der Bundeswehr

Zu Beginn des Jahres 2018 erschien in der Süddeutschen Zeitung ein sicherheitspolitischer Kommentar, der aus zwei Gründen beeindruckte. Zum einen durch seinen herben Tenor: Unter der Überschrift „Der Weg ins Versagen" übte der Autor fundamentale Kritik an den sicherheitspolitischen Ergebnissen der Sondierungsgespräche von Union und SPD zur Neubildung einer Großen Koalition nach der Bundestagswahl 2017. Er charakterisierte die Beschlüsse als „brandgefährliche Illusion" und „im Bereich Sicherheit und Verteidigung" als „Dokumentation der Verantwortungslosigkeit". Mehr noch: Sie zeigten „die Unfähigkeit jener Parteien, die in den Regierungen Schröder und Merkel die Bundeswehr in ihrer Verteidigungsfähigkeit nahezu ruiniert haben", und deshalb dürfe das Papier „keinesfalls zur Koalitionsvereinbarung werden, denn es weckt die Illusion, dass für Sicherheit schon gesorgt sei" (Naumann 2018).

Zum anderen ließ der fachliche Hintergrund des Autors aufhorchen: Denn hier schrieb kein nachrangiger Analyst, sondern mit General a.D. Klaus Naumann der beste Generalinspekteur, den die Bundeswehr je hatte. Mit dieser Position steht Naumann allerdings längst nicht mehr allein. Auch andere Mitglieder der hohen Generalität haben in den letzten Jahren ihre öffentliche Auseinandersetzung mit der militärpolitischen Misere Deutschlands merklich intensiviert, ebenfalls ein glockenklarer Indikator für die Brisanz des Problems, denn traditionell gehört es nicht zum Selbstverständnis deutscher Offiziere, militärpolitische Grundsatzkritik öffentlich zu äußern.

Naumanns Wunsch blieb weitgehend unerfüllt: Zwar umfassten die Passagen des Koalitionsvertrags zur Bundeswehr dann insgesamt drei Seiten gegenüber der atemberaubend kurzen Skizze des Sondierungspapiers (Sondierungsgespräche 2018), die lediglich eine halbe Seite zum Thema geboten hatte und nur aus dem flüchtigen Bekenntnis zur Bundeswehr als „Parlamentsarmee", dem Versprechen „bestmögliche(r) Ausrüstung, Ausbildung und Betreuung" und Aussagen zu den Bundeswehrmissionen im Nordirak, in Afghanistan und Mali bestand (Sondierungsgespräche 2018: 25-26).

Aber substantiell hielt sich der Zugewinn des Koalitionsvertrags doch sehr in Grenzen (Koalitionsvertrag 2018). Denn nach einer erweiterten Fassung des bundeswehrpolitischen Grundsatzbekenntnisses aus dem Sondierungspapier wurden knapp zwei Seiten – und auch in dieser Reihenfolge – mit den Themen „Aktuelle Auslandseinsätze der Bundeswehr anpassen" und „Für die Menschen in der Bundeswehr – ein attraktiver Arbeitgeber" bestritten (Koalitionsvertrag 2018: 157-158).

Erst der letzte Passus, nun unter der Überschrift „Für eine modern ausgerüstete Bundeswehr", nahm auf die strukturellen Reformnotwendigkeiten der deutschen Streitkräfte jenseits arbeitsrechtlicher Bestimmungen und ja richtiger Plädoyers für Ausbildungsreformen genauer Bezug (Koalitionsvertrag 2018: 158-159) – aber eben nur sehr fragmentarisch: Denn mit der Bewältigung des Ausstattungsproblems ist es leider nicht getan, und auch die Personalmisere der Bundeswehr lässt sich nicht einfach auf Ausbildungsmängel reduzieren.

Kurzum: Sondierungspapier und Koalitionsvertrag aktualisierten und vertieften eine militärpolitische Misere, die schon im „Weißbuch zur Sicherheitspolitik und zur Zukunft der Bundeswehr" von 2016 angelegt war, denn auch dort wurden die zentralen Reformerfordernisse der Bundeswehr weder in der erforderlichen Breite noch in der nötigen konzeptionellen Tiefe erfasst.

Nun stirbt die Hoffnung bekanntlich zuletzt, und deshalb ließ die am 20. Juli 2018 von Bundesverteidigungsministerin von der Leyen erlassene neue „Konzeption der Bundeswehr" (KdB 2018) zumindest jetzt eine Konkretisierung und inhaltliche Vertiefung der längst überfälligen Reformvorhaben erwarten. Ob die KdB dieses Versprechen einlöst, ist nun zu prüfen.

*Die Konzeption der Bundeswehr im Überblick*

Ein Gesamtüberblick verschafft einen Eindruck zur Philosophie, zur inhaltlichen Ausrichtung und auch zur Substanz. Auf gut 80 eng bedruckten DIN A-4-Seiten wird in der Tat ein breites Themenspektrum abgedeckt, wobei schon die Gliederung und die Benennung der Abschnitte viel über den Charakter des Dokuments aussagen: Nach einleitenden Bemerkungen zu Zielsetzung und Rahmenbedingungen werden in Abschnitt 3 unter der Überschrift „Bundeswehrgemeinsame Leit-

und Gestaltungsprinzipien" nicht weniger als sieben davon (Multinationalität und Integration, Flexibilität und Agilität mit einem Single Set of Forces, Denken und Handeln im vernetzten Ansatz, Einsatzorientierung, Resilienz und langfristig vorausschauende Sicherheitsvorsorge, Selbstverständnis, Steuerung nach Wirkung und Wirtschaftlichkeit) auf rund zehn Seiten abgehandelt. Hier findet sich eigentlich nichts Neues, denn das ist im Wesentlichen schon in Teil II des Weißbuchs 2016 nachzulesen, auf dem die KdB natürlich fußt.

Im Abschnitt 4 zu „Auftrag und Aufgaben der Bundeswehr" findet sich aber gegenüber dem Weißbuch eine noch deutlichere Akzentverschiebung hin zu den klassischen Aufgaben der Landes- und Bündnisverteidigung, die in der KdB-Liste (KdB 2018: 19-21) ganz am Anfang stehen, erst dann gefolgt vom Erfordernis internationalen Krisenmanagements. Als dritter Spiegelstrich firmieren „Heimatschutz, nationale Krisen- und Risikovorsorge und subsidiäre Unterstützungsleistungen in Deutschland", die noch im Weißbuch wenig Beachtung fanden; weitere, etwas willkürlich angeordnete Aufgaben zur „Partnerschaft und Kooperation auch über die EU und NATO hinaus" und zu den Feldern „Humanitäre Not- und Katastrophenhilfe", Cybersicherheit und Technologieentwicklung folgen.

Daraus werden am Ende im Rahmen der „Nationalen Zielvorgabe" (Abschnitt 4.3) nicht weniger als 19 einzelne Aufgaben abgeleitet. Immerhin: Die längst nötige Schwerpunktverschiebung zugunsten der klassischen nationalen und bündnisgemeinsamen Streitkräfteaufgaben ist hier zumindest deklaratorisch vollzogen.

60

Abschnitt 5 leitet anschließend daraus auf rund 30 Seiten allgemeine „Vorgaben für das Fähigkeitsprofil der Bundeswehr" ab. Dazu zählen insbesondere generelle „Planungsparameter" (u.a. „Grundaufstellung entlang der aufwändigsten Aufgabe" und Durchhaltefähigkeit), die diesen Akzentwechsel spiegeln, sowie räumlich definierte „Dimensionen" militärischen Wirkens (Cyber- und Informationsraum, Land, Luft, See, Weltraum).

Die dafür nötigen Fähigkeiten der Bundeswehr sollen „im Verbund Führung – Aufklärung – Wirkung – Unterstützung" (Abschnitt 5.2) entfaltet werden. Am Ende des Vorgabenkatalogs finden sich dann noch etwas stiefmütterlich angehängte Kurzskizzen zur „Basis Inland und Drehscheibe Deutschland", zur Gesundheitsversorgung und zur „Reserve der Bundeswehr", die mit gerade einmal einer Seite bedacht wird.

Abschnitt 6 verspricht dann für die verbleibenden 15 Seiten konkrete „Vorgaben zu den Gestaltungsbereichen". Darunter werden die Bereiche „Organisation", „Personal", „Ausbildung Streitkräfte und Übungen", „Material und Ausrüstung", „Infrastruktur, Dienstleistungen und gesetzliche Schutzaufgaben" sowie „Konzeption und Konzepte" verstanden. Soll heißen: Für die konkrete Bundeswehrplanung wird es eigentlich jetzt erst richtig spannend, denn die vorgelagerten 65 Seiten der KdB lesen sich doch eher als militärpolitisches Präludium, in dem zwar gegenüber dem Weißbuch 2016 eine noch bessere Akzentverschiebung zugunsten klassischer Verteidigungsaufgaben stattfindet, aber eben recht allgemein und unkonkret.

Insoweit ist die Qualität der KdB letztlich daran zu messen, ob es den militärpolitischen Planern nun endlich gelingt, die immer wieder recht flächig formulierten militärpolitischen Grundsätze nun auch in konkrete und präzise Vorgaben umzumünzen. Zwar wird sich davon auch einiges im fast zeitgleich erlassenen „Fähigkeitsprofil der Bundeswehr" (FdB) finden. Doch erstens ist dies eben ein „internes Planungsdokument" und damit öffentlich leider nicht zugänglich (BMVg 2018). Und zweitens muss auch ein an die allgemeine Öffentlichkeit gerichtetes Dokument wie die KdB so konkret sein, dass sich unsere Bürger und auch das Ausland ein präzises Bild von den deutschen militärpolitischen Reformplänen machen können.

In dieser Hinsicht ließ das Weißbuch eben viele Wünsche offen, und an diesem Anspruch ist nun auch die KdB zu messen. Auch hier stehen die von mir herausgearbeiteten sechs Kardinalprobleme der Bundeswehr im Mittelpunkt, deren effektive Bewältigung naturgemäß die Kernaufgabe dieses zentralen Planungsdokuments unserer Streitkräfte sein muss. Im Übrigen passt das auch gut zur gerade beschriebenen Systematik von „Gestaltungsbereichen" der KdB, die also im Wesentlichen mit dem gleichen Pflichtenheft an diese Herausforderung herangeht.


*Aufwuchs und Reserven*


Landes- und Bündnisverteidigung stehen inzwischen wieder im Vordergrund der Bundeswehrplanung, was durchaus als Schritt in die richtige Richtung zu werten ist. Und richtig ist auch, dass „konventionelle Angriffe gegen das Bündnisgebiet […] vornehmlich an dessen Außengrenzen zu erwarten" (KdB 2018: 39) sind. Gleichwohl gibt auch die KdB keine genaue Auskunft darüber, wie die Bundeswehr das leisten soll. Insbesondere fehlen präzise Angaben darüber, wie der in diesem Fall unabdingbare strukturelle Aufwuchs aussehen wird.

Stattdessen liest man im betreffenden Abschnitt „Aufgabenspezifische Vorgaben" nur: „Im Wesentlichen werden die bestehenden aktiven und nicht-aktiven Strukturelemente verfügbar sein. Reserven verstärken mit verfügbarer Ausstattung. Es ist konzeptionell Vorsorge für den Aufwuchs der Bundeswehr und die Planung sowie den Einsatz von Reservistinnen und Reservisten im Rahmen LV/BV zu treffen" (KdB 2018: 39). So allgemein bleibt es auch beim Heimatschutz: „Aufgaben des Heimatschutzes werden mit der Grundaufstellung der Bundeswehr erfüllt" (KdB 2018: 42).

Wenn diese nicht ganz eindeutigen Passagen meinen, dass Landes- und Bündnisverteidigung sowie der eng damit in Verbindung stehende Heimatschutz nur mit den bestehenden aktiven und den wenigen Ergänzungstruppenteilen gewährleistet werden sollen, haben die militärischen Planer die Dimension der Herausforderung offensichtlich immer noch nicht begriffen.

Mit wachsender Verzweiflung sucht man daher im weiter hinten platzierten Abschnitt „Die Reserve der Bundeswehr" nach Präzisierungen. Bei gut einer Seite Text kann das allerdings nicht gelingen. Erneut finden sich dort nur Allgemeinplätze: „Beorderte und allgemeine Reserve bilden das Potenzial der Unterstützung der Streitkräfte und der erweiterten Aufwuchsfähigkeit der Streitkräfte und sind somit wesentliche Säule der LV/BV". Und weiter: „Auch für den Heimatschutz ist die Reserve zum Aufwuchs zu befähigen, um die aktiven Kräfte entlasten, ergänzen und unterstützen zu können" (KdB 2018: 63). Und gegen Ende dieses Kurztexts heißt es dann lapidar: „Mit der unbeorderten Reserve wird zudem die langfristige Aufwuchsfähigkeit der Bundeswehr grundsätzlich gesichert" (KdB 2018: 64).

In welchen Strukturen das nach der Abschaffung des Territorialheers bzw. dem Abbau der meisten gekaderten Verbände geschehen soll und wie die dafür nötigen Beorderungen zu gewährleisten wären, bleibt so natürlich weiterhin unklar. Der schon erwähnte Aufbau neuer Landesregimenter geht zwar in dieser Hinsicht in die passende Richtung, und auch die veröffentlichten Informationen zum „Fähigkeitsprofil der Bundeswehr" (FdB) zeugen immerhin von dem Bemühen, die drei bestehenden Heeresdivisionen bis 2031 oder 2032 [die Zahl variiert je nach Dokument] zu vollwertigen Großverbänden aufzuwerten. Hier wurden offenbar Inhalte des sog. „Bühler-Papiers" umgesetzt, über das 2017 öffentlich berichtet wurde (Seliger 2017).

Aber eine nachhaltige Aufwuchsplanung ist das natürlich wieder nicht, denn weder die wenigen angedachten Landesregimenter können das leisten, und die Komplettierung der drei Divisionen ist natürlich kein Aufwuchs, sondern nur die Beseitigung eklatanter

Schwächen der jetzt schon stehenden Formationen. Der Planungshorizont 2032 ist angesichts des quälend langen Umsetzungszeitraums ohnehin nur peinlich. Das Heer sei hier im Übrigen nur stellvertretend benannt, denn die Aufwuchserfordernisse betreffen natürlich auch die übrigen Teilstreitkräfte, und für diese gibt die KdB ebenfalls keine klare Auskunft.

*Personal*

Trotzdem geht der Betrachter nun mit neuer Zuversicht zum nächsten Problemkomplex, denn die KdB hat dem Personal immerhin schon fünf Seiten gewidmet. Hier nun sollten sich also Konzepte finden lassen, die künftig besser wirken sollten als die bisherigen, denn auch die „Trendwende Personal" der letzten Jahre ist angesichts fortwährender Rekrutierungsprobleme nicht wirklich ein solche.

Der selbst gesetzte Anspruch der KdB dafür ist hoch, und das ist auch nur zu begrüßen: „[…] im Kontext der wachsenden und sich ständig ändernden Anforderungen steht [die Bundeswehr] vor der Herausforderung, in einem bundeswehrgemeinsamen Ansatz die eigenen personellen und organisatorischen Strukturen, Verfahren und Prozesse demographiefest und anpassungsfähig gestalten und die Wettbewerbsfähigkeit des Arbeitgebers Bundeswehr gewährleisten zu müssen" (KdB 2018: 66).

In den dann folgenden Unterabschnitten finden sich unter den Überschriften „Personalstrategie der

Bundeswehr", „Mittelfristige Personalplanung", „Personalmanagement der Bundeswehr", „Diversität und Vielfalt sowie Vereinbarkeit Familie und Beruf/Dienst" [sic!, M.S.] sowie „Bildung und Qualifizierung" aber wiederum nur ärgerliche Allgemeinplätze, die das nicht leisten, was die Überschriften versprechen. Im Einzelnen:

Gemäß KdB bildet die Personalstrategie „den übergeordneten Rahmen für alle Maßnahmen und Initiativen der Bundeswehr zur Steigerung ihrer personellen Einsatzbereitschaft sowie ihrer Attraktivität als Arbeitgeber. Mit ihr wird das Ziel verfolgt, wesentliche Impulse für die Personalbedarfsdeckung und die personelle Einsatzbereitschaft der Bundeswehr auch in einem sich rasch ändernden Umfeld zu setzen". Insoweit bilde sie „die Klammer für andere laufende Programme und Initiativen […] und stellt dadurch deren Verankerung als strategische Daueraufgabe sicher" (KdB 2018: 66-67). Auf eine präzise inhaltliche Charakterisierung dieser ja wichtigen Klammerfunktion wartet der Leser dann aber vergebens, denn der Kurzabschnitt „Personalstrategie der Bundeswehr" ist damit schon wieder zu Ende.

Es folgen die Ausführungen zur „mittelfristigen Personalplanung". Ihr schreibt die KdB ins Stammbuch: „Personalumfang und -struktur müssen bedarfsgerecht und nachhaltig finanziert sein und sich an der Aufgabenerfüllung der Bundeswehr ausrichten […] Die Bundeswehr muss künftig alle Aufgaben gleichrangig qualifiziert, schnell und robust erfüllen können" (KdB 2018: 67). Zu diesem Zwecke gelte es, „den Personalkörper flexibel an die jeweiligen Anforderungen anzupassen und dafür die notwendigen systemischen Voraussetzungen einschließlich erforderlicher Anreizsysteme zu schaffen" (KdB 2018: 67).

Durch ein sog. „Personalboard" soll diese mittelfristige Planung in die Praxis umgesetzt werden, wobei die „jährliche Umfangsbestimmung" durch die drei „Determinanten" Aufgaben- und Anforderungsprofil der Bundeswehr, Haushaltsplan und Realisierbarkeit geleitet sein wird. Was darüber hinaus die genauen inhaltlichen Richtlinien dieser mittelfristigen Planung ausmacht, bleibt aber unklar, denn schon ist auch diese halbseitige Kurzskizze wieder abgeschlossen.

Immerhin fast zwei Seiten sind anschließend dem „Personalmanagement der Bundeswehr" gewidmet, womit sich im Übrigen ein Trend fortsetzt, der schon das Weißbuch ungut prägte. Einer unternehmerberaterischen Perspektive folgend stand auch dort der Aspekt der *Prozesssteuerung* im Vordergrund, auf Kosten präziser inhaltlicher Vorgaben. Die Ansage der KdB ist dabei vielsagend: „Die Bundeswehr ist eine einsatzorientierte Freiwilligenarmee. Sie benötigt kompetentes, talentiertes, den Anforderungen entsprechend ausgebildetes und gebildetes, leistungsfähiges und leistungswilliges militärisches und ziviles Personal, das von der Sinnhaftigkeit seines Auftrags überzeugt ist" (KdB 2018: 67-68).

Daraus ergebe sich „zum einen die Notwendigkeit, sich bei der Gewinnung neuen Personals wettbewerbsfähig auf dem Arbeitsmarkt zu positionieren. Zum anderen gilt es mehr als je zuvor, die Potenziale und

Kompetenzen aller Angehörigen der Bundeswehr in einem integrierten Personalkörper auszubilden, langfristig an die Organisation zu binden und weiterzuentwickeln" (KdB 2018: 68).

Auffällig ist dabei einerseits, dass die Bundeswehr somit doch wieder auf die Rolle eines „am Maßstab der Attraktivität orientierte(n) „Arbeitgeber(s)" (KdB 2018: 69) in Normalzeiten reduziert wird, denn genauere Bestimmungen zum Personalmanagement in Krisen- und Kriegszeiten bzw. mit Blick auf die dann nötige Mobilisierung der Reserve fehlen.

Darüber hinaus jedoch werden auch die dieser Arbeitgeberrolle gewidmeten Passagen nicht konkret, sondern bleiben einmal mehr im Ungefähren: „Chancen- und Leistungsgerechtigkeit, Gleichstellungsgerechtigkeit, Bindung an Recht und Gesetz, Transparenz, Planbarkeit und Verlässlichkeit stellen verbindliche Leitlinien der Personalentwicklung dar", und „personalwerbliche Kommunikation attraktiver Berufsbilder, Karriereperspektiven [...] und Besoldung verbessert die Wettbewerbsfähigkeit der Bundeswehr auf dem Arbeitsmarkt" (KdB 2018: 68).

Dazu sollen im Übrigen auch „eine Verlagerung der aktiven Altersphase" und die Nutzung „der vielfältigen Fähigkeiten, Kompetenzen" und von „Erfahrungswissen älterer Menschen" dienen, „ohne dass dadurch ein überalterter, nur noch bedingt einsatzfähiger Personalkörper entstehen darf" (KdB 2018: 69).

Spätestens hier schießt dem aufmerksamen Leser die Zornesröte ins Gesicht, denn zum einen wird damit kaschiert, dass die Hinausschiebung der Pensionierung unser Soldaten dienstgradabhängig bis zum Alter von 65 maßgeblich auf personalplanerische Defizite der Vergangenheit zurückzuführen ist, und zum anderen signalisiert der zweite Halbsatz, dass man mit der Einbindung „älterer Menschen" eben doch primär die Gefahr einer „Überalterung" verbindet.

Die dann noch folgenden Ausführungen zum Problemkomplex „Diversität und Vielfalt sowie Vereinbarkeit Familie und Beruf/Dienst" sind zum Zwecke „chancengerechte(r) Teilhabe von Frauen und Männern sowie von behinderten und schwerbehinderten Menschen an Karrieren und Funktionen" (KdB 2018: 69) zwar durchaus zu begrüßen; wie ein derartiges „Vielfaltsmanagement" [sic!, M.S.] dann aber konkret aussehen soll, wird verschwiegen.

Das gilt im Übrigen auch für die viel zu allgemeinen Passagen zu „Bildung und Qualifizierung", wo der richtig diagnostizierte „Trend zur Akademisierung" für die KdB dazu führen soll, „als mögliche neue Zielgruppen für eine Berufsausbildung in der Bundeswehr […] beispielsweise Jugendliche ohne Schulabschluss oder junge Erwachsene ohne Berufsabschluss zu betrachten" (KdB 2018: 70). Dass dieser Klientel eine berufliche Perspektive geboten werden muss, steht ja außer Zweifel. Doch passt es zur Profilierung der Bundeswehr als ‚Hochwert-Arbeitgeber‘, gerade diese Gruppe derart in den Fokus zu rücken?

Mit der Thematisierung von Diversität und Vereinbarkeit von Familie und Beruf ist dann bereits der Bogen zum nächsten Problemkomplex gespannt, der nachhaltigen Verankerung der Bundeswehr in der Gesellschaft. Dass dieses traditionell enge Band vor allem durch die Aussetzung der Wehrpflicht zu zerfallen droht, soll hier nicht erneut genauer erläutert werden. Vielmehr ist zu fragen, ob die KdB für diese Herausforderung etwas Substantielles liefert, was das Weißbuch leider schuldig blieb.

Vorweggenommen sei: Auch und gerade hier ist das Dokument eine einzige Enttäuschung! Zwar haben die Bundeswehrplaner die Herausforderung durchaus im Blick: „Die gesellschaftlichen Entwicklungen und die hohen Belastungen, sowohl durch die Einsätze als auch durch den fortschreitenden Anpassungsprozess der Bundeswehr, wirken auf alle Bundeswehrangehörigen und ihre Familien. Es ist Ausdruck der Fürsorge des Dienstherrn, die Rahmenbedingungen so zu gestalten, dass alle berechtigten persönlichen Interessen angemessen berücksichtigt werden" (KdB 2018: 17).

Wie eine darüber hinaus reichende Einbettung unserer Streitkräfte in die Bürgerschaft unter den neuen Rahmenbedingungen langfristig genau gelingen soll, bleibt aber unerwähnt. Stattdessen soll „Kommunikation [...] eine breite sicherheitspolitische Debatte in und mit der Öffentlichkeit" fördern und damit „unter anderem einen entscheidenden Beitrag zur Integration der Bundeswehr in die Gesellschaft" leisten „und so die

Wertschätzung der Bevölkerung […] gewinnen" (KdB 2018: 17). Das ist schon ernüchternd armselig.

In den schon angesprochenen Kurzpassagen zur Reserve kommt das Thema auch noch einmal knapp zur Sprache: „Die Reserve ist ein wesentlicher Bestandteil der nationalen Sicherheitsvorsorge und bedarf der festen Verankerung in der Gesellschaft. Zugleich ist eine gut informierte und gut motivierte Reserve ein hervorragender Botschafter und Mittler der Bundeswehr in die Gesellschaft hinein" (KdB 2018: 64).

Das ist ja durchaus richtig, aber wenn es an dieser Stelle beim bloßen Postulat bleibt und nicht genauer beschrieben wird, mit welchen konkreten Maßnahmen jenseits der Berufs- und Familienförderung das gelingen soll (heimatnahe Standortplanung, arbeitgeberfreundliche Gestaltung von Reserveübungen, Kooperation mit Soldatenverbänden etc.), ist es wenig zielführend und erhellend!

Und es zeigt einmal mehr, dass durch die fatale Reduzierung der Bundeswehr auf einen „Arbeitgeber", der mittels „Personalmanagement" geeignete Arbeitnehmer gewinnt, das eigentliche Alleinstellungsmerkmal der Bundeswehr als gesellschaftlich verankerte Parlamentsarmee aus dem Blick geraten ist. Hier schreibt die KdB fatalerweise fort, was schon im Weißbuch angelegt ist.

*Material*

Demgegenüber sind die KdB-Passagen zur Materialproblematik deutlich präziser und substantieller ausgefallen als der Rest des Dokuments. In sechs Einzelabschnitten (Aufgabenorientierte Ausstattung, Modularität und Interoperabilität, Informationstechnik, Ausrüstung und Nutzung, Portfoliomanagement, Zusammenarbeit mit der gewerblichen Wirtschaft) werden wesentliche Aspekte der Thematik konsekutiv abgearbeitet, und man fragt sich in dieser Lesephase schon, warum das in der KdB nicht bei allen Schwerpunkten möglich sein sollte.

Der Reihe nach: Generell ist für die „Grundaufstellung der Bundeswehr […] die unmittelbare Verfügbarkeit der zur jeweiligen Aufgabenwahrnehmung erforderlichen materiellen Ausstattung („aufgabenorientiert") in allen militärischen Truppenteilen („strukturgerecht")" vorgesehen, und der „materielle Soll-Ausstattungsumfang" muss dem künftig „vollständig entsprechen" (KdB 2018: 72).

Die beigefügte Fußnote präzisiert das dann eher nebenbei: Dies gelte für alle aktiven und „grundsätzlich auch [für] die nichtaktiven Truppenteile". Die derzeitige Ausstattungsmisere, wo nichtaktive Gliederungen mangels eigenen Geräts auf das Material des jeweiligen Couleur-Verbands zurückgreifen müssen, gehört damit hoffentlich bald der Vergangenheit an – vorausgesetzt allerdings, dass vom „Grundsatz" im juristischen Begriffssinne nicht zu viele Ausnahmen gemacht werden.

Und man denkt richtig weiter: „Der der Grundaufstellung der Bundeswehr folgende Soll-Ausstattungsumfang wird für alle anderen Aufgaben, Verpflichtungen oder Einsätze, soweit geeignet, ebenfalls genutzt (Mehrrollenfähigkeit). Können die materiellen Bedarfe nicht vollständig aus der Grundaufstellung gedeckt werden, ist die aufgabenorientierte Ausstattung durch Missionspakete zu ergänzen" (KdB 2018: 73). In Kurzform also: Jeder Verband erhält eine Grundausstattung, die ihn für alle Bundeswehraufgaben gleichermaßen befähigt, und erhält ‚missionsspezifisch' zusätzliches Material, wenn es aufgrund von Ausfällen oder spezifischen Anforderungen des Auftrags erforderlich ist.

Diese Ausstattung ist gemäß KdB konsequent modular und interoperabel zu gestalten, auch dies ein richtiger und zugleich kostendämpfender Grundsatz. „Normung und Standardisierung als wesentliche Voraussetzungen zum Erreichen von Interoperabilität" (KdB 2018: 74) sind dabei unabdingbar, wie auch die eng damit verbundene Modernisierung der Informationstechnik (IT): „Hier muss der Digitalen Agenda der Bundesregierung, dem Regierungsprogramm „Digitale Verwaltung 2020", dem Digitalen Aktionsplan der EU-Kommission und den Datenschutzvorgaben auch in Zukunft in einer vernetzten Welt Rechnung getragen werden" (KdB 2018: 74).

Wenngleich ich bereits weiter oben vor einem zu unkritischen Glauben an die digitalen Segnungen gewarnt und auch den Nutzen der traditionellen Analog-Technik in Katastrophenzuständen betont habe, ist die Herangehensweise der KdB an dieser Stelle wenigstens einmal transparent und konkret. Denn natürlich ist die Digitalisierung der Bundeswehr kein Soloprojekt des BMVg, sondern ein interministeriell zu planendes Vorhaben. Zusammen mit den gerade beschriebenen Ausrüstungs- und Materialgrundsätzen ergibt das schon ein brauchbares Bild der künftigen Materialplanung der Bundeswehr.

Konsequent wird anschließend zu den Beschaffungswegen weitergeschritten, und auch hier sind die Bestimmungen erfreulich konkret und praxisgerecht: „Zur Beschaffung von Ausrüstung und Dienstleistungen stützt sich die Bundeswehr im erforderlichen Umfang auf zeitnah verfügbare bzw. handelsübliche Produkte und Dienstleistungen und Leistungen von NATO und EU ab. Neben einer nationalen Umsetzung sind auch internationale Kooperationsmöglichkeiten in Betracht zu ziehen" (KdB 2018: 75).

Das ist wohltuend pragmatisch und auch einsatztauglich. Und weiter: „Im Zweifelsfall ist der rechtzeitig verfügbaren Kauflösung der Vorzug vor einer komplexen langwierigen Systementwicklung zu geben", und „zivile Normen und Standards sind anzuwenden, sofern nicht zwingende militärische Forderungen oder internationale Kooperationserfordernisse dem entgegenstehen" (KdB 2018: 75).

Gesteuert wird dieser gesamte Beschaffungsvorgang durch das „Portfoliomanagement der Bundeswehr", was konkret bedeuten soll, die Einzelportfolios Fähigkeiten, Rüstungsvorhaben und -projekte, Produkte und Dienstleistungen sinnvoll aufeinander abzustimmen und in den zur Verfügung stehenden finanziellen Rahmen zu stellen. Auch hier wird wieder konsequent modular gedacht: „Einzelressourcen aller Planungskategorien werden in Ressourcenverbünde gebündelt und funktionalen Bausteinen zugeordnet" (KdB 2018: 76).

Dies alles bleibt zwar am Ende recht allgemein, aber mit ein wenig Phantasie kann wenigstens der militärisch Vorgebilde grob erahnen, was dies etwa für die Materialbeschaffung bzw. Modernisierung eines Panzergrenadierbataillons künftig bedeuten wird, und auch die Grundlinien der neuen streitkräfteweiten Logistikplanung sind daran gut abzulesen.

Ein generelles Manko bleibt jedoch: Es stehen erneut zu sehr die *Muster* und *Prozesse* der *Beschaffungsorganisation* im Fokus; inhaltliche, strategisch-konzeptionell angeleitete Beschaffungsrichtlinien dagegen werden nur angedeutet. Hier schreibt die KdB also die Defizite des Weißbuchs munter fort.

*Organisation*

Auf den Boden konzeptioneller Ideenarmut wird der Leser auch wieder zurückgeholt, wenn die Aussagen der KdB zur Organisation in den Blick geraten. Es steht ja außer Frage, dass das komplexe Aufgabenportfolio der Bundeswehr eine dazu passende Struktur erfordert. Die klassische Gliederung in Teilstreitkräfte ist nicht mehr zeitgemäß (Strukturkommission der Bundeswehr 2010) und deckt mit der Entfaltung moderner Cyber-War-Aktivitäten auch ‚räumlich‘ längst nicht mehr alles ab.

Die Bundeswehrplaner haben das durchaus im Blick und schreiben den Streitkräften deshalb generell ins Stammbuch: „Die Bundeswehr entwickelt sich als lernende Organisation permanent weiter" (KdB 2018: 65). Der hohe (und richtige) Stellenwert dieses Grundsatzes wird auch aus seiner Platzierung in der KdB ersichtlich, leitet er doch den gesamten Abschnitt 6 „Vorgaben zu Gestaltungsbereichen" ein, der für unsere Betrachtung von besonderem Interesse ist.

Doch auch hier folgt die Ernüchterung auf dem Fuße, denn die anschließenden Ausführungen der KdB zur Organisation der Bundeswehr geraten mit gut einer Seite erneut viel zu kurz und lassen in ihrer Verblasenheit nicht einmal erahnen, was genau beabsichtigt ist.

Stattdessen „strebt" die Bundeswehr im Managerjargon der KdB „ein hohes Maß an Agilität an, um – gestützt auf Erkenntnisse der Krisenfrüherkennung und einer kontinuierlichen Risikoabschätzung und unterstützt durch ein ganzheitliches Innovationsmanagement – Fähigkeiten, Organisation und Prozesse, Personalkörper, Ausbildung und Ausrüstung bedarfsgerecht und flexibel auf strategische Entwicklungen des sicherheitspolitischen Umfelds auszurichten" (KdB 2018: 65).

So ähnlich las sich das schon im Weißbuch, und man fragt sich, was die KdB hier an Mehrwert bringen soll, zumal es auch in den Restabschnitten so oberflächlich bleibt. Kostprobe: „Eine anpassungsfähige und an den sicherheitspolitischen Anforderungen an die Aufgaben der Bundeswehr ausgerichtete Organisation ist in der Lage, sicherheitspolitische Veränderungen und Einflussgrößen zu antizipieren, zu absorbieren, sachgerecht und flexibel zu reagieren und dennoch robuste Strukturen auszubilden. So aufgestellt stärkt die Organisation die Resilienz des Systems Bundeswehr und ihrer Strukturen" (KdB 2018: 65).

Einmal mehr bleibt unklar, was derart „resiliente" Strukturen künftig konkret auszeichnen soll. Stattdessen wird man wieder mit substanzlosen Leerformeln abgespeist: „Die Bundeswehr wird nach dem Grundsatz der Einheit fachlicher Kompetenz und organisatorischer Zuständigkeit gestaltet. Im Ergebnis entstehen klare, an Aufgaben, Bedarfen und Verantwortung orientierte Strukturen" (KdB 2018: 65). In dieser Pauschalität könnte das wohl auch der Leiter einer Oberfinanzdirektion unterschreiben.

Und nur im letzten Absatz dieses Abschnitts wird es etwas konkreter und lässt damit erahnen, was eigentlich zu präzisieren wäre: „Kräftebeiträge der Bundeswehr für Einsätze und Missionen werden im gesamten Aufgabenspektrum aus dem Single Set of Forces für den jeweiligen Auftrag bundeswehrgemeinsam zusammengestellt. Die Organisation der Bundeswehr ist entsprechend sowohl auf das Zusammenwirken in Systemverbünden als auch auf modulare Kontingentbildung und frühzeitige Zusammenarbeit von Truppenteilen und Unterstützungselementen im Wirkverbund auszurichten" (KdB 2018: 66).

Und wenn sich jetzt wenigstens zwei Seiten anschließen würden, in denen man die konkreten Konturen einer solchen Organisation genauer ausflaggen würde, erbrächte die KdB durchaus einen Mehrwert. So schwer ist das ja nicht. Die in der NATO schon konsequent implementierten streitkräftegemeinsamen *Joint*-Strukturen können hier als Blaupause dienen, um die Bundeswehr zu einer wirklich „agilen", weil flexiblen Matrixorganisation (Bühner 2004: 163-171) weiterzuentwickeln, in der die bisherigen TSK-Strukturen mit Fähigkeitskommandos nach dem Muster des Einsatzführungskommandos verkoppelt werden. Mag ja erneut sein, dass man solch konkrete Überlegungen dem nichtöffentlichen FdB vorbehalten hat, doch sollte man realisieren, dass die (kritische) Öffentlichkeit im In- und Ausland mit solch nebulöser Verbalakrobatik kaum zu überzeugen sein wird. Und der öffentlichen Überzeugung muss die KdB doch vor allem dienen!

*Einsatzstrategie*

*Last but not least* müssen die Vorgaben der KdB zum Problemkomplex Einsatzstrategie interessieren, zumal das Weißbuch gerade hier grandios gescheitert war. Der betreffende KdB-Abschnitt mit dem vielsagenden Titel „Konzeption und Konzepte" umfasst aber nur gut eine halbe Seite, und damit ist eigentlich schon alles gesagt: Über Gemeinplätze hinaus bzw. die schon bekannte Vertröstung auf Folgedokumente, insbesondere interne Dienstvorschriften, findet sich hier nichts Konkretes, und wie die KdB hier über das Weißbuch hinausführen soll, bleibt damit unerfindlich.

Stattdessen liest man: „Sich ständig und teilweise nicht vorhersehbar verändernde Rahmenbedingungen, unter denen Auftrag und Aufgaben der Bundeswehr zu erfüllen sind, erfordern die schnelle Anpassungsfähigkeit der strategischen Vorgaben zur Ausgestaltung der Bundeswehr. Die Vorgaben der strategisch-politischen Ebene werden konzeptionell aufgenommen und als

Vorgaben für die weitere Planung der Bundeswehr operationalisiert. Die Konzeption der Bundeswehr ist das Dachdokument für sämtliche Planung in der Bundeswehr und wird durch weitere konzeptionelle Dokumente und Produkte ergänzt. Zusammen bilden sie die konzeptionelle Dokumentenlandschaft der Bundeswehr" (KdB 2018: 79).

Die Metaphorik ist entlarvend und beunruhigend zugleich: Hat die Bundeswehr ein derart dürftiges Dach verdient? Denn wirklich überwölbend würde dieses ‚Dach' nur wirken, wenn es präzise Vorgaben zur Kombination der einzelnen dokumentarischen Komponenten böte. Schon möglich, dass die in Fußnote 68 der KdB angesprochene „Zentrale Dienstvorschrift A-400/4 Konzeptionelle Dokumentenlandschaft der Bundeswehr" diesbezüglich genauer wird, aber das wäre dann ein weiteres Beispiel für unnötige Geheimniskrämerei und damit dafür, wie es nicht gehen kann.

Denn als öffentlich zugängliches und damit auch an die breite Öffentlichkeit adressiertes Planungsdokument der Bundeswehr muss die KdB so konkret sein, dass trotz unbestrittener Geheimhaltungserfordernisse greifbar wird, welche konkreten Konturen die künftige Einsatzstrategie besitzen soll.

Die eben zitierten Aussagen, insbesondere der Passus „Anpassungsfähigkeit der strategischen Vorgaben zur Ausgestaltung der Bundeswehr", lassen zudem den Verdacht aufkommen, dass hier primär der strukturelle und prozedurale Planungsaspekt gemeint ist! Das zentrale *inhaltliche* Erfordernis, also die Entwicklung zukunftsfähiger Einsatzdoktrinen, kann man also aus diesen wolkigen Sentenzen nicht wirklich herauslesen. Dass dies von kardinaler Bedeutung ist, braucht hier nicht noch einmal erläutert zu werden.

Es mag ja sein, dass die inzwischen erfolgte Erhebung der Führungsakademie der Bundeswehr (FüAkBw) zur „Denkfabrik" und die Gründung des ebenso titulierten „German Institute for Strategic Defence and Strategic Studies" (GIDS) als Scharnier zwischen FüAkBw und Helmut-Schmidt-Universität/Universität der Bundeswehr Hamburg hier künftig einen Schritt voranbringen. Doch gerade für die systematische Koordinierung der dortigen konzeptionellen Aktivitäten wären klare und genaue Vorgaben der KdB entscheidend!

So etwas darf man nicht in interne Dokumente wie das FdB oder die genannten Dienstvorschriften verlagern, denn auch hier hat die Öffentlichkeit genauere Informationen verdient. Dies auch deshalb, weil mit der fortbestehenden Trennung von FüAkBw und Zentrum Innere Führung auch künftig zwei eigentlich zusammengehörige *Think Tanks* strukturell getrennt bleiben – ein Missstand, den etwa Gerhard Brugmann und damit ein weiteres Mitglied der Generalität schon lange und völlig zu Recht kritisiert (Brugmann 2017). Die Bundeswehrplaner scheinen das aber anders zu sehen, und man wüsste schon gerne warum!

Zieht man realistisch und nüchtern Bilanz, so wird die neue KdB den zentralen militärpolitischen Herausforderungen nicht gerecht: Die ‚Planungen‘ zur Reserve und insbesondere zum Aufwuchs gehen über Allgemeinplätze nicht hinaus, und auch die Passagen zur Personalplanung bleiben überzeugende Konzepte im Kontext der faktisch abgeschafften Wehrpflicht schuldig. Das Problem der schwindenden sozialen Verankerung der Bundeswehr in der Gesellschaft wird bestenfalls gestreift, aber in seiner Dramatik nicht wirklich erfasst.

Die geplanten Organisationsreformen zeigen gute Ansätze, bleiben aber hinter dem Erfordernis eines präzisen integrierten Gesamtkonzepts deutlich zurück, und die atemberaubend kurzen Ausführungen zur Strategieproblematik sind einfach nur peinlich. Einzig die Passagen zur Materialproblematik können in gewissem Maße überzeugen. Aber eine gute Teilnote kann fünf miserable nicht kompensieren, und so wird auch hier aus einem Pluspunkt kein akzeptables Gesamtergebnis.

Ernüchtert diagnostiziert der Beobachter stattdessen eine geradezu zwanghafte militärpolitische Verschiebung konkreter Planungen in immer weiter nachgelagerte Dokumente: Gemäß einer Handreichung des BMVg soll das Weißbuch mit seinen „strategisch-politischen Vorgaben“ das „Wohin“ aufzeigen, die KdB mit ihren „strategisch-konzeptionellen Vorgaben“ das „Wie“ sowie das FdB nun (endlich) das konkrete „Womit“ (BMVg 2018). Das trägt den Anschein einer klassischen ex post-Rationalisierung bisheriger Versäumnisse und Verzögerungen – oder auf gut Neudeutsch den Charakter einer typischen Prokrastination.

Faktum ist: Das Weißbuch bleibt Antworten schuldig, die KdB auch, das FdB ist öffentlich nicht zugänglich, Dienstvorschriften meist auch nicht. Das kann einen kritischen Bürger eigentlich nur zum Verdacht führen, lästige, aber nur allzu berechtigte Nachfragen sollten durch den lapidaren Verweis auf Geheimhaltungsbestimmungen gekontert werden. Und dies wiederum schürt unnötig öffentliche Mutmaßungen, dass auch diese nichtöffentlichen Dokumente nicht wesentlich mehr Substanz besitzen als die öffentlich zugänglichen.

## 3. Akt: Die Strategie der Reserve

„Die Reserve bleibt unverzichtbar für die Sicherheitsvorsorge Deutschlands. Die Neuausrichtung der Bundeswehr erweitert Aufgaben- und Verantwortungsbereiche für Reservisten." Mit dieser Grundsatzbemerkung leitete Bundesminister Thomas de Maizière die von ihm am 1. Februar 2012 erlassene „Konzeption der Reserve" (KdR) ein (KdR 2012). Und dabei betonte er auch die „Rolle der Reserve für die Personalergänzung und -verstärkung", ihre „Mittlerfunktion für die Bundeswehr in der Gesellschaft" und nicht zuletzt ihre Heimatschutzaufgaben.

Mit dem Erlass der neuen „Strategie der Reserve" (SdR) durch Bundesministerin Annegret Kramp-Karrenbauer am 18. Oktober 2019 trat die alte KdR außer Kraft (SdR 2019). Die in ihr formulierten Ziele und Herausforderungen aber bleiben. Was also bezweckt die Außerkraftsetzung eines Dokuments, dessen Gegenstände nach wie vor aktuell sind? Zum einen das zwar nicht offen ausgesprochene, aber doch mit Händen greifbare Eingeständnis, dass die alte KdR etlichen konkreten Anforderungen nicht mehr genügte, gerade hinsichtlich der Ausplanung des militärischen Aufwuchses im Spannungsfall. Das wurde weiter oben bereits erläutert.

Hinzu tritt jedoch das Erfordernis, die Reservestrategie in die Architektur der neuen zentralen militärischen Planungsdokumente (Weißbuch, KdB, FdB) einzufügen, mit welchen die militärpolitischen Richtlinien der Bundeswehrplanung und damit auch die Vorgaben für die Reserve neu gefasst wurden.

Es zeigte sich aber bald, dass eine neue Reservestrategie nicht nur aufgrund dieser neuen Rahmendokumente nötig geworden war, sondern auch wegen der stiefmütterlichen Behandlung, die die Reserve dort erfährt: Wie bereits genauer erläutert finden sich dazu im Weißbuch auf rund 140 Seiten nur einige magere Zeilen unter der Zwischenüberschrift „Reservistendienst", und die KdB hat bei rund 80 Seiten Text unter dem Stichpunkt „Die Reserve der Bundeswehr" ebenfalls nur ein paar kurze Abschnitte von etwa einer Seite zu bieten.

Diese eklatante Vernachlässigung der Reserve scheint aber inzwischen auch den militärpolitischen Planern zu Bewusstsein gekommen zu sein: Wachsende weltweite sicherheitspolitische Aufgaben Deutschlands, die Wiederkehr klassischer Kriege in Eurasien, die zunehmende Bedrohung durch hybride Konflikte (Hartmann 2015) und auch aus dem Cyber-Raum sowie nicht zuletzt die massive Kritik der Bündnispartner am Verfehlen der NATO-Zielvorgaben machen eine Runderneuerung der militärischen Reserve unabdingbar, weil nur sie eine *langfristig* angelegte und damit *nachhaltige* Erfüllung dieses Aufgabenbündels sicherstellen kann. Denn die aktiven Truppenteile sind dazu aufgrund ihrer massiven Verkleinerung in den letzten Jahrzehnten keinesfalls in der Lage, sondern müssen darauf vertrauen können, im Krisenfall durch Reserven adäquat verstärkt zu werden.

Die neue SdR ist folglich erstens daraufhin zu überprüfen, ob die Reserve im Lichte dieses komplexen Aufgabenfeldes nun endlich den Stellenwert erhält, den Weißbuch und KdB vermissen ließen. Zweitens ist zu evaluieren, inwieweit die vorgesehenen Maßnahmen tragfähig sind. Als Maßstab dient auch hier die Systematik der sechs Kardinalprobleme.

*Die Strategie der Reserve im Überblick*

Das Dokument ist, für Außenstehende zunächst etwas verwirrend, in zwei verschiedenen Versionen greifbar. Zum einen als offizieller Erlass der Bundesministerin, und hier versehen mit dem ambitionierten Untertitel „Vision Reserve 2032+", der auch den zeitlichen Planungsrahmen absteckt und im Übrigen der Realisierung der „Nationalen Ambition 2032" des FdB dienen soll (SdR 2019: 16). Das schon aus Weißbuch und KdB hinlänglich bekannte schwülstige Wortgeklingel treibt also weiter seltsame Blüten.

Zum anderen als öffentlich zugängliche Vorschrift K-10/5, in welcher die SdR – nun ohne Untertitel – als „Fachstrategie" firmiert. Beide Dokumente sind derzeit gliederungstechnisch und inhaltlich identisch, erfüllen aber doch spezifische Zwecke: Der offizielle Erlass ist durch zusätzliche Bilder optisch aufgelockert, um die Öffentlichkeit besser zu anzusprechen. Die Vorschrift unterliegt naturgemäß dem üblichen Änderungsdienst; Anpassungen können also später noch vorgenommen werden.

Das heißt aber auch, dass das Dokument der Fachstrategie K-10/5 in ein paar Jahren durchaus vom jetzigen Erlassdokument abweichen wird können, und das ist auch gewollt: Denn die SdR gilt den militärpolitischen Planern richtigerweise als „lebendes Dokument" (SdR 2019: 13), das den künftigen Erfordernissen flexibel angepasst werden soll.

Abzüglich der ganzseitigen Bilder umfasst sie im Kern knapp 30 Textseiten, zu denen noch ein umfangreicher dokumentarischer Anhang von ca. 15 Seiten mit Glossar, Grundsätzen für die Ausbildung von Reservisten, deren Information und Betreuung sowie Kurzbeschreibungen zum Kompetenzzentrum für Reservistenangelegenheiten der Bundeswehr und zum Reservistenverband und seinem Beirat Reservistenarbeit hinzutreten.

Die zentralen Passagen selbst definieren dann zunächst neun „Kernelemente" der SdR, mit welchen die „Vision Reserve 2032+" über zwei (nicht näher definierte) Zwischenziele 2023 und 2027 bis zum Ende des Jahres 2031 realisiert werden soll: Diese Kernelemente laufen nacheinander unter den Labels Systematik, Freiwilligkeit, Schwerpunkt [Beorderung in der Verstärkungsreserve, M.S.], Grundbeorderung, Verlässliche Verfügbarkeit, Ausstattung, in Übung halten, Aufwuchs sowie Verankerung (SdR 2019: 14).

Die etwas willkürlich angeordnete Liste signalisiert immerhin, dass auf verschiedenen Abstraktionsebenen gleichzeitig angegriffen werden soll: Nicht nur Prinzipielles soll Klärung finden (z.B. Systematik), sondern auch spezifische Ziele werden definiert (z.B. Verlässliche Verfügbarkeit) und nicht zuletzt konkrete Einzelmaßnahmen (z.B. Grundbeorderung). Es wird also auch zu fragen sein, inwieweit dieser programmatische Spagat zwischen Grundsätzlichkeit und Konkretion gelungen ist.

Weil sich diese heterogene Liste der neun Kernelemente für eine konzise Darstellung schlecht eignet, wird der SdR allerdings eine davon abweichende Systematik von sechs „Handlungsfeldern" (SdR 2019: 13) zugrunde gelegt: Zu gestaltende „Rahmenbedingungen" (1) betreffen nicht nur das gesellschaftliche Umfeld, sondern auch das Grundprinzip der Freiwilligkeit des Dienstes und das zu optimierende „System Gesamtverteidigung". Auszuplanende „Strukturen" (2) beinhalten nicht nur die verschiedenen Kategorien und Beorderungsarten der Reserve, sondern auch deren „regionale Vernetzung" sowie die Zusammenarbeit mit den Soldatenverbänden.

Das steht in engem Zusammenhang mit dem Handlungsfeld „Personal" (3), in dem neben dem neuen Modell der Grundbeorderung und der Schaffung einer Cyber-Reserve auch Grundsätze des Personalmanagements und zur „Attraktivität" des Reservedienstes formuliert werden. Unter „Material- und Infrastruktur" (4) werden anschließend die (bislang nicht erfolgte) vollwertige Ausstattung nichtaktiver Truppenteile sowie die Schaffung eigener „Ausbildungsstützpunkte" projektiert, unter „Ausbildung" (5) dann mit dem Zivilleben kompatible Qualifizierungsmodelle, einschließlich „Ausbildungskooperationen mit der Wirtschaft". Und nicht zuletzt werden „Mentalität und Kommunikation" (6) als Herausforderungen benannt und die Rolle der Reserve als „Mittler in der Gesellschaft" und für die internationale Zusammenarbeit betont.

Dieser schlaglichtartige Einstieg soll zunächst verdeutlichen, dass die SdR in der Tat ambitioniert angelegt ist. *Expressis verbis* ist sie „das zentrale Steuerungsdokument, das themen- und fachübergreifend die grundsätzlichen Schwerpunkte zur Gestaltung der Reserve im Kontext der Rückbesinnung [sic!, M.S.] auf die LV/BV setzt", und soll neben ihrer Leitlinienfunktion für reservebezogene „Folgedokumente" auch „Motivationscharakter für Reservistinnen und Reservisten sowie deren Arbeitgeberinnen und Arbeitgeber" besitzen (SdR 2019: 13).

Die militärischen Planer haben insgesamt gesehen richtig erkannt, dass eine zukunftsweisende Reservestrategie nur gelingen kann, wenn konzeptuelle Grundsätze Schritt für Schritt in ganz konkrete Handlungsanweisungen umgesetzt werden, deren Herleitung man damit auf den ersten Blick versteht.

Allerdings steht sich die SdR dabei selbst im Weg, weil die Liste der „Kernelemente" eben nicht deckungsgleich mit den ausgewiesenen „Handlungsfeldern" und das ganze Dokument damit nicht ,aus einem Guss' ist. Auch deshalb wird die Substanz der SdR nun anhand meiner eigenen Kardinalproblem-Systematik evaluiert, zumal die Liste der SdR-Handlungsfelder gut dazu passt.

Der militärische Wert der Reserve steht und fällt zunächst mit ihrer Fähigkeit, den Personalersatz aktiver Truppenteile sicherzustellen. Wie schon mehrfach betont, ist er aber vor allem daran ablesbar, ob für den Spannungsfall ausreichende Aufwuchspotenziale existieren. Denn die Einsatzstärke von Streitkräften ist in solchen Szenarien natürlich wesentlich größer anzusetzen als in Friedenszeiten, und deshalb weist die SdR den Aufwuchs ja selbst als eines ihrer neun Kernelemente aus.

Überzeugen kann sie dabei aber nicht, zumal sich hier eklatante Schwächen von Weißbuch und KdB fortschreiben, deren Vorgaben die SdR selbstredend verpflichtet ist. Die grundsätzlichen Erfordernisse von Personalersatz und insbesondere Aufwuchs werden durchaus benannt (SdR 2019: 20): Als die drei „Kategorien der Reserve" werden die Truppen-, die Territoriale und die Allgemeine Reserve definiert.

Die Truppenreserve setzt sich demzufolge wiederum aus Einzeldienstposten, Feldersatztruppenteilen im Rahmen stehender Formationen sowie aus eigenständigen gekaderten oder gänzlich nichtaktiven Ergänzungstruppenteilen zusammen, die Territoriale Reserve aus Regionalen Sicherungs- und Unterstützungskräften (RSUKr), territorialen Verbindungseinheiten sowie zugehörigen Ausbildungsstützpunkten und Feldersatzkomponenten. Und die Allgemeine Reserve umfasst den Gesamtbestand der Nicht-Beorderten.

Hier wird mit anderen Worten der Ist-Zustand fortgeschrieben, und prinzipiell ist diese Systematik auch sinnvoll, weil es die Aufgabenteilung zwischen Feld- und Territorialtruppenteilen bzw. die unterschiedlichen Bereitschaftsgrade spiegelt. Richtig wurde darüber hinaus aber erkannt, dass der Cyber-Raum hier noch nicht adäquat berücksichtigt ist, und deshalb findet dieser später noch gesondert Erwähnung (SdR 2019: 30).

Konkreter wird es dann aber nur ansatzweise: So sollen lokale Ausbildungsstützpunkte „z.B. auf Truppenübungsplätzen, in großen Truppenunterkünften und in Liegenschaften von Ausbildungseinrichtungen" angestrebt werden, wo „der Reserve die Zeiträume an Wochenenden für die Ausbildung zur Verfügung gestellt werden" (SdR 2019: 32).

Das ist angesichts der derzeitigen infrastrukturellen Mangelsituation, aber auch mit Blick auf die zeitliche Verfügbarkeit der Reservisten realistisch und pragmatisch kalkuliert. Die Cyber-Reserve wird dagegen nur kurz behandelt, aber immerhin wird auf ein eigenes „Konzept für die personelle Unterstützung der „Cyber-Community" der Bundeswehr" verwiesen, das Konkretisierung verspricht (SdR 2019: 30).

Die für den Feldersatz und insbesondere für den Aufwuchs entscheidenden Komponenten werden dann aber kaum behandelt. Zwar verspricht die SdR bei der Präsentation ihrer Kernelemente anfangs noch einen „zügigen und umfänglichen [sic!, M.S.] Aufwuchs [...] in einer Krise" (SdR 2019: 14) und betont auch mit großem Ausrufezeichen: „Der Schwerpunkt liegt bei den

Ergänzungstruppenteilen und den strukturgebundenen Verstärkungen!" (SdR 2019: 29).

Später finden sich dazu aber im Wesentlichen nur die hinlänglich bekannten allgemeinen Funktionsbeschreibungen von Ergänzungs- und Feldersatztruppenteilen sowie der RSU-Kräfte, wohingegen genauere Quantifizierungen dieser Aufwuchsorganisation unterbleiben. Das verwundert auch nicht: Denn bereits Weißbuch und KdB schreiben hier ja den kläglichen Ist-Bestand weniger Ergänzungstruppenteile auch für die Zukunft fort, und die SdR muss als deren Folgedokument natürlich erneut in der Linie bleiben.

Zudem irritiert, dass nicht einmal die derzeit in Planung bzw. im Aufbau befindlichen Landesregimenter der Territorialreserve Erwähnung finden. Vielleicht liegt es daran, dass diese die Bezeichnung Regiment eigentlich nicht verdienen, was weiter oben schon angedeutet wurde: Das Landesregiment Bayern zumindest, das als Pilotprojekt fungiert, ist durch die zugrunde liegende Zusammenlegung von drei fränkischen RSU-Kompanien entstanden und mit einem anvisierten Dienstpostenbestand von rund 500 Mann eher ein kleines Bataillon (SKB 2019; DBwV 2019) und zudem derart dienstgradlastig, dass es nicht zum einsatzfähigen Heimatschutzverband taugt. Denn wenn es bei dem Teileinheitsbestand jetziger RSU-Kompanien von je einem Sicherungs-, Unterstützungs- und Pionier/ABC-Abwehrzug bleiben sollte, würde dieses „Regiment" in Zukunft mit den drei Sicherungszügen *de facto* nur über Kampftruppen in *Kompaniestärke* verfügen!

Kurzum: Mit dieser völlig unzureichenden Erfassung bzw. Konkretisierung der Aufwuchsproblematik wird die SdR der wichtigsten Aufgabe militärischer Reserven auch nicht annähernd gerecht. War es schon fatal, dass diesem Erfordernis im Weißbuch und in der KdB nicht genügend Rechnung getragen wurde, so schreibt sich dieser Missstand nun auch hier fort.

Die Tragik ist, dass dem militärisch unerfahrenen Bürger diese zentrale Blindstelle wohl gar nicht recht bewusst wird, weil er auf das auch in der SdR gegebene pauschale Aufwuchs*versprechen* vertraut und deshalb nicht weiter fragt. Denn nur ein genauer Blick auf die faktische Aufwuchs*misere* könnte verdeutlichen, dass dieser militärische Wechsel nicht gedeckt ist.

*Personal*

Die Leistungsfähigkeit von Streitkräften steht und fällt mit dem Wirkungsgrad des Personalwesens. Die deutsche Verteidigungspolitik versucht deshalb eine positive „Trendwende Personal" (Weißbuch 2016: 119) einzuleiten und die Bundeswehr auch in dieser Hinsicht zu effektivieren; das wurde auch im Laufe dieser Abhandlung bereits mehrfach deutlich. Die Erfolge jedoch sind angesichts substantieller Abbrecherquoten unter den Freiwillig Dienstleistenden, aber auch unter regulären Zeitsoldaten bislang nur mäßig.

Gerade auf diesem Hintergrund ist es daher von überragender Bedeutung, auch das Reservewesen personalpolitisch effektiv und nachhaltig zu gestalten:

92

Denn im Vergleich zu den aktiven Soldaten, die man im täglichen Dienstalltag motivieren und damit an die Bundeswehr binden kann, ist die Vernetzung mit den Reservisten naturgemäß schwächer ausgeprägt. Und deshalb müssen die reservebezogenen Personalinstrumente besonders wirkungsvoll sein, um Identifikation mit der Truppe zu stiften.

Die SdR trägt dieser Herausforderung mit dem neuen Modell der Grundbeorderung (GBO) Rechnung, welches letztlich auch der konzeptionelle Dreh- und Angelpunkt des ganzen Planungsdokuments ist. Konkret meint GBO „die grundsätzliche Einplanung […] aller wehrdienstfähig aus dem aktiven Dienst ausscheidenden Soldatinnen und Soldaten der Bundeswehr in die Reserve für einen Zeitraum von sechs Jahren" (SdR 2019: 25). Die Heranziehungen zu Übungen und Ausbildungen steht dabei aber nach der Wehrpflichtaussetzung in Friedenszeiten auch hier unter dem Vorbehalt der *Freiwilligkeit.*

Insoweit ist die Ausgestaltung des GBO-Modells dann auch konsequent darauf angelegt, Reservisten individuell anzusprechen und zum Dienst zu motivieren. Eher beiläufig wird dabei in einer Fußnote auf eine „Vereinbarung zur Gewährleistung der Verlässlichen Verfügbarkeit" (SdR 2019: 25) verwiesen, die die Reservisten dann für die Heranziehung zu Übungen und Ausbildungen abschließen sollen. Erläuterungen zu ihrer Verbindlichkeit bzw. Kündbarkeit fehlen allerdings.

Zur Flexibilisierung der Planung kann diese Sechsjahresfrist auch in zwei Abschnitte unterteilt werden. Begründung: „Aktuelle Fähigkeiten und Fertigkeiten der ausscheidenden Soldatinnen und Soldaten sollen für die Beorderungsverwendungen in der Reserve genutzt werden. Können diese nicht mehr sinnvoll aufrechterhalten werden, ist ein zweiter Abschnitt in der GBO dort vorzusehen, wo weniger spezielle Forderungen an Fähigkeiten und Fertigkeiten bestehen" (SdR 2019: 26).

Das erscheint sachgerecht und ermöglicht nicht nur eine flexible Personaleinsteuerung, sondern auch die Berücksichtigung der individuellen Entwicklung der einzelnen Reservisten. Letztlich zielt das Modell damit darauf ab, die nichtaktiven Soldaten auch über die sechsjährige GBO hinaus langfristig an die Streitkräfte zu binden; individuelle Personalentwicklung auf freiwilliger Basis ist folglich das erklärte Prinzip der SdR.

Gelingen soll dies durch ein modernes Personalmanagement, in dem „werbliche Aktivitäten, Erstberatungen in den Karriereberatungsbüros und Maßnahmen truppendienstlicher Vorgesetzter" (SdR 2019: 29) sinnvoll miteinander kombiniert werden. All dies soll die „Attraktivität des Reservistendienstes" *expressis verbis* fördern – auch dies Ausdruck einer konsequenten *Individualisierung* des neuen Personalgewinnungsmodells: „Attraktivität geht über die finanzielle Dimension hinaus. Eine gute, fordernde und möglichst regionale Ausbildung und Beorderung, zudem hinterlegt mit adäquater materieller Ausstattung, fördert in erheblichem Maße die Motivation der Reservistinnen und Reservisten. Wertschätzung und erlebte Kameradschaft bei möglichst fortwährender Verbandszugehörigkeit erhöhen gleichfalls die Bereitschaft zum Reservistendienst" (SdR 2019: 28).

Das ist ein hehres Ziel und gerade im Lichte der starken Ausdünnung der Truppe in der Fläche nicht einfach umzusetzen. Doch da eine Wiedereinführung der Wehr- bzw. die Schaffung einer allgemeinen Dienstpflicht auf absehbare Zeit politisch unrealistisch sind und eine erneuerte Wehrpflicht zudem bei dem geringen Gesamtumfang unserer Streitkräfte auch zu Problemen der Wehr*gerechtigkeit* führen würde, ist ein derartiges Freiwilligenmodell derzeit alternativlos (Sebaldt 2017a: 55). Hier eröffnet die SdR also eine sinnvolle Reformperspektive.

An anderer Stelle habe ich selbst bereits dafür geworben, weil ich unsere moderne, individualisierte Bürgergesellschaft auch reif dafür erachte (Sebaldt 2017a: 57-62): In vielen anderen Bereichen (z.B. Gesundheitsvorsorge, Energieeinsparungen etc.) arbeitet die öffentliche Hand heute schon erfolgreich mit Anreizsystemen, die den Einzelnen nicht zu etwas verpflichten, sondern zur eigenständigen Entscheidung motivieren.

Es ist zumindest wert, das Experiment auch für den Reservistendienst zu wagen – und sollte es scheitern, kann über Pflichtmodelle erneut nachgedacht werden. Staatspolitisch betrachtet wäre dies dann aber nur ein Notbehelf, denn eine moderne Demokratie, die Bürger erst zum Dienst an der Gemeinschaft verpflichten muss, verdient ihren Namen eigentlich nicht.

Eng verbunden mit der Personalplanung ist das Erfordernis der gesellschaftlichen Verankerung der Bundeswehr, und da die SdR dem Personalaspekt umfänglich Rechnung getragen hat, ist die Betonung auch dieses Aspekts folgerichtig. Unter der Überschrift „Regionale Vernetzung" liest sich das eindeutig: „Der regionale Bezug ist in der Reservistenarbeit von herausgehobener Bedeutung. Daher gilt es, die in den Regionen befindlichen Ressourcen mit Blick auf die Reserve möglichst gut zu vernetzen […] Zudem gilt es, die in der Regel bereits bestehenden Anknüpfungspunkte zu den regionalen und lokalen Netzwerken von Wirtschaft, Politik und Gesellschaft zu nutzen. Kurze Wege und persönliche Kontakte bilden in Verbindung mit dem Wissen um- und voneinander eine gute Grundlage für praxisorientierte und tragbare Lösungen in den Regionen" (SdR 2019: 24).

Neben anderen Bundeswehr-Dienststellen wird dabei explizit auf die herausgehobene Rolle des Verbands der Reservisten der Deutschen Bundeswehr (VdRBw) und diejenige regionaler Arbeitgeber verwiesen. Der VdRBw wird auch an anderer Stelle als „besonders beauftragte(r) Träger der Reservistenarbeit außerhalb der Bundeswehr" und „Plattform für andere, unmittelbar oder mittelbar in der Reservistenarbeit tätige Verbände und Vereinigungen" hervorgehoben (SdR 2019: 23-24).

Im Einzelnen werden drei Komponenten dieser „Regionalen Vernetzung" betont. Erstens die Rolle von „Reservistinnen und Reservisten als Mittler in der Gesellschaft", welches durch Auswahl besonders dafür geeigneter Personen und ihrer Aus- und Weiterbildung am Zentrum Informationsarbeit der Bundeswehr noch einmal verstärkt werden soll. Allerdings wird hinzugesetzt: „Die Mittlerrolle beschränkt sich nicht auf Hochwert-Veranstaltungen; sie beginnt bereits beim ‚Gespräch über den Gartenzaun' […] Hierbei sind neue Zielgruppen anzusprechen und dabei ist auch der kritische Dialog aktiv zu führen" (SdR 2019: 35), soll demzufolge also sehr breit aufgestellt werden.

Zweitens wird eine überraschend offensive und zugleich einheitlich geplante Kommunikationsstrategie „aus einer Hand" angekündigt, die „den Besonderheiten der Reserve in ihrer Vielfalt" gerecht werden soll: „Über die Reserve soll authentisch, spannend und bildlastig berichtet werden, vorrangig zur Gestaltung der Reserve […] Im Mittelpunkt der Beiträge stehen Reservistinnen und Reservisten und ihre Geschichten mit Bezug zur Bundeswehr" (SdR 2019: 36). Fachinformationen für Reservisten werden durch ein „ExtranetBw", eine Reservisten-App sowie eine Online-Stellenbörse für Beorderungsdienstposten bereitgestellt. Gerade hier ist doch auffällig: Bei gutem Willen besteht immer die Möglichkeit, allgemeine Grundsätze in sinnvolle konkrete Maßnahmen umzusetzen, doch die SdR wird dem leider nicht überall gerecht.

Und drittens wird der zentralen Bedeutung bündnisgemeinsamer Aufgaben durch eine besondere Akzentuierung der internationalen Reservistenarbeit Rechnung getragen. Dabei wird jedoch vor allem die Rolle nationaler und internationaler Reservistenverbände betont (SdR 2019: 37), und jenseits der deutschen Repräsentanz im *National Reserve Forces Committee* (NRFC) und der Koordinierung der internationalen Reservistenarbeit durch das Kompetenzzentrum für Reservistenangelegenheiten der Bundeswehr gibt es keine Hinweise auf direkt geplante Maßnahmen seitens der öffentlichen Hand.

Kurzum: Gegenüber Weißbuch und KdB sind die Passagen der SdR zur Bedeutung der gesellschaftlichen Verankerung unserer Streitkräfte durchaus als Fortschritt zu werten, gerade mit Blick auf die doch recht konkrete Informations- und Kommunikationsstrategie. Allerdings fällt gerade hier auf, dass mögliche Synergieeffekte zwischen den Planungskomponenten nicht präzise herausgearbeitet werden. Konkret: „Regionale Vernetzung" ist doch am Ende Resultat etlicher Einzelfaktoren (Personalstrategie, Standortplanung, Informationsstrategie etc.), und dieser Erkenntnis hätte man durch einen synoptischen Abschlussabschnitt der SdR, in dem solche Wechselbezüge gezielt herauszuarbeiten wären, noch besser Rechnung tragen können. So aber endet das Dokument in der jetzigen Fassung doch recht anspruchslos mit „Schluss- und Übergangsbestimmungen"!

Wenigstens prinzipiell wird sodann auch das Material-
problem angegangen, denn dass Ergänzungstruppenteile für Ausbildungen und Übungen häufig immer
noch auf das Gerät des jeweiligen aktiven Couleurver-
bandes zurückgreifen müssen, ist ja als Missstand längst
erkannt. Eigentlich ist es unverständlich, wie es je dazu
kommen konnte: Womit hätten diese Reserveformationen im Einsatzfall operieren sollen, wenn der aktive
Partnerverband sein Material dann selbst benötigt?

Immerhin gilt aber nun, dass diese Reserve „zur
Erfüllung ihres Auftrags mit hierfür erforderlichem
Großgerät, Fahrzeugen und Material" auszustatten ist,
und explizit: „dies schließt die IT ein" (SdR 2019: 31)!
Als Selbstverständlichkeit wird hinzugefügt, dass „sich
eine identische Ausstattung wie die der aktiven Truppe
in vielfacher Weise positiv" (SdR 2019: 31) auswirke.

Allerdings irritiert dann schon, dass die konkrete
Umsetzung dieses Vorhabens doch recht locker skiz-
ziert wird. Denn neben der Beschaffung ist bei Reser-
vegliederungen ja insbesondere die laufende Bewirtschaftung eine Herausforderung, da kaum aktives Personal zur Verfügung steht. Das bedarf der präzisen
Vorplanung. Stattdessen liest man aber nur pauschal:
„Die Instandhaltung und Bewirtschaftung des Materials
der Reserve ist durch die OrgBer im Rahmen der Wahrnehmung der Betriebs- und Versorgungsverantwortung
in Abstimmung mit dem bzw. der Materialverantwort-
lichen für die Einsatzreife zu regeln" (SdR 2019: 31).

Mehr gibt der einseitige Kurzabschnitt der SdR zu den „Grundsätze(n) der Material- und Ausrüstungsplanung" dann auch nicht her – schade eigentlich, denn ein paar Querverweise auf die KdB, die zu dieser Thematik ausnahmsweise substantiell ausgefallen ist, wären hier durchaus hilfreich.

Aber auch damit wäre es natürlich nicht getan, denn gerade die Territorialorganisation besitzt militärische Alleinstellungsmerkmale, die auch Auswirkungen auf die Materialausstattung haben. Für den Heimat- und Katastrophenschutz braucht es eben andere Gerätschaften als für den Kriegseinsatz. Zudem sollte man hier zumindest prinzipiell ein Praktikabilitätsproblem ansprechen und auch planerisch anpacken, mit dem gerade die Reserve konfrontiert ist: Je komplexer Waffen- und Führungssysteme werden, desto schwieriger wird ihr Einsatz in nichtaktiven Truppenteilen, da dafür eben eine regelmäßige intensive Ausbildung nötig ist (Sebaldt 2017a: 84-87). Gerade bei künftigen Beschaffungsprojekten ist das zu berücksichtigen.

*Organisation*

Ähnliche konzeptionelle Schwächen finden sich dann auch in den organisationsbezogenen Passagen. Zwar trägt die SdR der Thematik im Teilabschnitt „Strukturen" durchaus Rechnung, doch schon allein die dort gelisteten Unterpunkte verdeutlichen implizit die verbliebenen Blindstellen: Behandelt werden dort „Kategorien der Reserve", „Beorderungsarten in der Reserve",

„Verantwortung in Reservistenangelegenheiten", „Zusammenarbeit mit Verbänden und Vereinigungen" sowie „Regionale Vernetzung" – und damit Aspekte, die entweder eng mit der Personalgewinnung oder der gesellschaftlichen Verankerung verbunden sind. Für sich genommen machen diese Überlegungen durchaus Sinn, und deshalb wurden sie weiter oben bereits an geeigneter Stelle angesprochen.

Zieht man jedoch diese Gliederungspunkte ab, bleibt eigentlich nicht mehr viel übrig, das Auskunft über die konkrete Ausgestaltung der eigentlichen Organisation der Reserve geben könnte. Wir erfahren zwar schon, dass der einzelne Reservist auch künftig entweder auf einem eigenen „strukturgebundenen Dienstposten" in der Verstärkungsreserve oder aber auf einem „Spiegeldienstposten" der Personalreserve und damit „nicht strukturgebunden" beordert sein wird (SdR 2019: 22). Und auch die Beorderungsorte (Einzeldienstposten, Ergänzungs- und Feldersatztruppenteile, RSU-Kräfte und sonstige Territorialdienststellen) werden durchaus benannt, wie auch die bereits erwähnten truppennahen „Ausbildungsstützpunkte" (SdR 2019: 32).

Was aber fehlt, sind erstens genauere Aussagen darüber, wie diese einzelnen Komponenten der Reserve künftig organisiert sein werden, um die gesteckten Ziele erfüllen zu können, und zweitens solche über die geplante Verkoppelung aktiver Truppenteile und Reserveformationen im Spannungsfall. Beides ist ja nicht zuletzt aus Motivationsgründen wichtig, denn einem anzuwerbenden Reservisten sollte schon vorab klar gemacht werden, wie seine Einheit konkret aufgebaut ist und wie sie mit anderen Truppenteilen im Bedarfsfall zusammenwirken soll.

Konkret: Zur Rolle der militärisch sehr wichtigen Ergänzungstruppenteile erfahren wir nur lapidar, dass sie „der Verstärkung der aktiven Verbände und Großverbände" dienen und „grundsätzlich wie vergleichbare aktive TrT gegliedert und ausgerüstet" (SdR 2019: 20) sein sollen – erneut ein Wechsel auf die Zukunft, denn bisher ist das ja keineswegs immer so. „Sie bilden damit eine Grundlage für den kurzfristigen Aufwuchs von Fähigkeiten" (SdR 2019: 20) – allerdings in dem äußerst begrenzten Umfang, den ich bereits weiter oben kritisch kommentiert habe. Und die Feldersatztruppenteile werden dann nur noch mit einem Satz abgefertigt, demzufolge sie „Reservistinnen und Reservisten zur schnellen Personalergänzung organisiert bereit" (SdR 2019: 20) zu halten haben.

Nicht zuletzt wird auch die Organisation der RSU-Kräfte sehr lakonisch charakterisiert: Diese sind „nach regionalen Gesichtspunkten aufgestellt und berücksichtigen regionale Gegebenheiten. Sie werden truppendienstlich durch das jeweilige Landeskommando […] geführt. Die RSUKr sind zur Entlastung der aktiven Truppe bei Schutz- und Sicherungsaufgaben im Heimatschutz vorgesehen […] Regional zugeordnete Patentruppenteile unterstützen die RSUKr" (SdR 2019: 20f). Aussagen zu den weiter oben schon thematisierten Landesregimentern fehlen dagegen, und auch etwas genauere Ausführungen zur künftig geplanten Struktur der übrigen Territorialeinheiten bzw. Dienststellen wären zur Verdeutlichung sinnvoll.

Kurzum: Das bleibt an entscheidenden Stellen zu oberflächlich, um für den Außenstehenden bzw. gerade für den zu gewinnenden Reservisten wirklich zugkräftig zu sein. Natürlich muss nicht jedes organisatorische Detail in einem Strategiepaper thematisiert werden, zumal gerade dort regelmäßig nachgesteuert werden muss. Doch genauer geht es schon, damit auch öffentlich klarer wird, wie man sich die Struktur eines Kreisverbindungskommandos, einer RSU-Kompanie, eines Landesregiments etc. vorzustellen hat und welche Muster der Zuordnung zu aktiven Truppenteilen existieren bzw. geplant sind.

Vielleicht ist das aber auch bewusst vermieden worden, denn bei dieser Konkretisierung würde wohl erst richtig deutlich, wie dramatisch die organisatorische Ausdünnung der Bundeswehr nicht nur mit Blick auf ihre Territorialreserve geworden ist, sondern auch hinsichtlich der aktiven Truppe: Denn was in der Fläche fehlt, kann dort eben nicht wirken bzw. kooperieren.

*Einsatzstrategie*

Nicht zuletzt bedarf die Reserve einer spezifischen Einsatzstrategie. Denn aktive Truppenteile und gekaderte Formationen sind sowohl strukturell wie personell spezifisch geartet, und zudem unterscheiden sie sich hinsichtlich ihres Funktionsprofils, gerade mit Blick auf den territorial fokussierten Heimatschutz. Und schließlich muss konzeptionell geklärt werden, wie aktive und

Reservetruppenteile im Einsatzfall zusammenwirken sollen.

Das grundsätzliche Erfordernis eines solchen Konzepts wird durchaus erkannt: „Die […] Aufgabenvielfalt erfordert eine flexible Reserve, die, teils im Frieden, teils in der Krise, rasch verfügbar gemacht werden muss […] So müssen auch aufwuchsabhängige TrT zur Unterstützung Verbündeter in Deutschland frühzeitig zur Verfügung stehen […] Im Rahmen des Heimatschutzes steht die Reserve aktiven TrT und Dienststellen […] zur Seite, im Spannungs- und Verteidigungsfall unterstützt sie beim Schutz verteidigungswichtiger Infrastruktur und Host Nation Support und erhöht die Durchhaltefähigkeit der aktiven Truppe" (SdR 2019: 10).

Diese allgemeinen Aussagen finden sich bereits zu Beginn des Dokuments, unterstreichen damit zu Recht die Bedeutung des Sachverhalts und spiegeln im Übrigen den generellen Anspruch der SdR, „Grundlage für die Ausrichtung und Gestaltung der Reserve der Bundeswehr" (SdR 2019: 13) zu sein. Doch konkreter wird es in strategisch-konzeptioneller Hinsicht dann leider nicht, und ob in Zukunft entsprechende Planungsdokumente zu erwarten sind, bleibt ebenfalls offen.

Das ist fatal, denn je nach Aufgabenfeld ist die Art der Kooperation zwischen aktiven und Reserveformationen doch sehr unterschiedlich: Für den klassischen Kriegsfall muss vorab geklärt werden, in welcher Form beide nötigenfalls in funktionsfähigen Großverbänden zusammengeführt werden, einschließlich der dann zu klärenden Aufgabenverteilung. Aber auch für asymmetrische Konfliktszenarien braucht es Vorgaben, z.B. mit Blick auf den Umgang mit der Zivilbevölkerung bei *Counterinsurgency*-Operationen (Kilcullen 2010). Gleiches gilt sinngemäß für die Bekämpfung von Cyber-Gefahren, zumal hier ja auch die Kooperation mit bundeswehrexternen Ämtern (Verfassungsschutz, Kriminalämter etc.) konzeptionell zu klären ist.

Exemplarisch: Wenn eine COIN-Strategie (sinnvollerweise) eher bevölkerungsorientiert sein und damit der Überzeugung und Gewinnung der Bürger dienen soll, haben Ausbildung, Strukturen und auch Ausstattung eben einen deutlich ‚zivileren' Charakter als bei einer feindorientierten, die primär der Lokalisierung und Ausschaltung des Gegners dient (Sebaldt 2017a: 122). Solche einsatzstrategischen Fragen sind also vorher zu klären, um die Reserveplanung richtig anleiten zu können, und sinngemäß gilt das auch für alle anderen militärischen Konfliktformen.

Es ist leider bedenklich: Gerade hinsichtlich der Einsatzprofile der Reserve besteht bei der Entwicklung von Militärdoktrinen erheblicher Nachholbedarf, da diese Strategiedokumente zumeist auf aktive Truppenteile zugeschnitten sind und nicht präzise genug klären, wie Aktive und Reserve für die jeweiligen Aufgabenprofile bzw. Konflikt- und Kriegsszenarien synergetisch zu verkoppeln sind. Doch die SdR schweigt sich dazu leider aus.

Die Bundeswehr steht vor großen Herausforderungen: Ein stetig kleiner gewordener aktiver Truppenkörper ist mit einem wachsenden Aufgabenportfolio im Inland, im europäischen Bündnisgebiet und letztlich auch global konfrontiert. Dies kann mehr denn je nur unter Rückgriff auf eine effektive Reserve bewältigt werden.

Jedoch: Der skandalöse Kahlschlag, den die nicht-aktiven Truppenteile in den letzten Jahrzehnten erleiden mussten und der entscheidend zur derzeitigen strukturellen und funktionalen Misere der Bundeswehr beigetragen hat, wird auf absehbare Zeit kaum rückgängig zu machen sein. Angesichts der atemberaubenden Beratungsresistenz der militärpolitischen Führung gerade in dieser Frage braucht man sich da keinen Illusionen hinzugeben.

Immerhin: Ein kleiner Schritt in die richtige Richtung sind Planungsdokumente, die den militärischen Wert der Reserve zumindest prinzipiell wieder ins rechte Licht rücken – zumal in Zeiten ausgesetzter Wehrpflicht, in denen unsere Streitkräfte aus der alltäglichen Lebenswelt der meisten Bürger weitgehend verschwunden sind.

Gerade deshalb wendet sich die neue SdR neben den Bundeswehrangehörigen völlig zu Recht „auch an die Öffentlichkeit – an Bürgerinnen und Bürger ebenso wie an Entscheidungstragende und Lenkende in Politik, Wirtschaft und Gesellschaft. Als Parlamentsarmee hat die Bundeswehr ihren Platz in der Mitte der Gesellschaft. Daher ist es wichtig, ein grundlegendes Verständnis für die Strategie der Reserve in der Gesellschaft zu wecken und Zusammenhänge zu erklären. Eine breite gesellschaftliche Akzeptanz bildet die Grundlage für eine starke Reserve" (SdR 2019: 5).

Kann das Ergebnis überzeugen? Der Gesamtbefund ist zwiespältig. Ohne Zweifel setzt das Dokument wichtige Akzente. Im Mittelpunkt stehen dabei Maßnahmen, welche der gesellschaftlichen Verankerung der Bundeswehr und ihrer personellen Ausstattung dienen. Am überzeugendsten sind hier die personalpolitischen Grundlinien und dabei insbesondere das Modell der Grundbeorderung, das im Kontext ausgesetzter Wehrpflicht und unrealistischer Pläne für eine allgemeine Dienstpflicht einen alternativen Weg weist und einen Praxistest verdient hat.

Es liegt dann letztlich an uns Bürgern, diesem auf Freiwilligkeit beruhenden und damit appellativen Instrument zum Erfolg zu verhelfen. Die SdR erfasst dabei auch richtig, dass dies nur durch professionelle Informationsarbeit und soldatische „Mittler in der Gesellschaft" gelingen kann.

Es gibt aber auch Passagen, in denen die SdR als nachgelagertes Planungsdokument seine inhaltliche Abhängigkeit von Weißbuch und KdB nicht verleugnen kann – mit zum Teil fatalen Konsequenzen: Gerade der unter den neun SdR-Kernelementen gelistete „Aufwuchs" kommt faktisch nur am Rande zur Sprache – wie auch anders, wenn dafür auch in Zukunft nur eine kleine Zahl von Ergänzungstruppenteilen sowie eine dünn gesäte Territorialorganisation vorgesehen ist! Ein

„Aufwuchs", der diesen Namen verdient, muss die *kurzfristige* Vergrößerung der Bundeswehr auf *Kriegsstärke* garantieren, und davon sind wir Lichtjahre entfernt. Hier schreibt die SdR also gezwungenermaßen die Defizite fort, die ihr von Weißbuch und KdB ins Nest gelegt wurden.

Sinngemäß gilt das trotz des klingenden Namens SdR auch für die einsatzbezogenen Strategiedefizite, denn eigentlich wäre es ja Aufgabe von Weißbuch und KdB gewesen, zumindest im Überblick klarzulegen, welche militärstrategischen Grundsätze in Zukunft für klassische Kriege, hybride bzw. asymmetrische Konfliktszenarien, COIN-Operationen und nicht zuletzt Cyber-Bedrohungen gelten sollen. In einem nächsten Schritt wäre das dann auf die spezifischen Anforderungen der Reserve umzulegen, zumal es auch Einfluss auf Ausbildungsinhalte, Strukturen und Ausstattung ihrer Truppenteile hat.

Es gibt allerdings auch Schwächen der SdR, die nicht einfach als Erblast von Weißbuch und KdB zu werten sind, sondern die man ihr selbst zuschreiben muss. Ausgesprochen schwach sind zum einen die Passagen zur Material- und Infrastrukturproblematik – unnötig, weil man gerade hier aus der KdB schöpfen könnte und deren ausnahmsweise einmal gut auf den Punkt gebrachten Grundsätze ohne großen Aufwand auf die spezifischen Erfordernisse der Reserve hätte zuschneiden können.

Und schließlich können auch die Ausführungen zur Organisation der Reserve nicht recht überzeugen. Zugegebenermaßen ist es auch hier undankbar, von einer militärischen Struktur zu handeln, die seit dem Ende des Kalten Krieges zum Wurmfortsatz verkümmert ist. Und trotzdem gebietet es die Professionalität, die für Krisen- und Kriegsszenarien geplante Verkoppelung aktiver und dann erst zu mobilisierender Truppenteile genauer zu erläutern.

Das gilt auch für die Beschreibung bestehender bzw. zu schaffender Reservetruppenteile selbst, wo zumindest im Überblick erklärt werden sollte, welche Personalstärken angezielt sind, welche Gliederungsprinzipien zugrunde liegen und mit welchen Truppengattungen das jeweilige Fähigkeitsprofil ausgefüllt werden soll.

*Summa summarum*: „Reserve ist immer mitzudenken!" Dieses Eingangsmotto der SdR kann nur nachdrücklich unterstrichen werden. Und es steht außer Frage, dass das Dokument diesem Anspruch auch folgt. An verschiedenen Stellen ist dies gelungen, gerade bei der Personalplanung, der Informationskonzeption und den Grundlinien gesellschaftlicher Vorfeldarbeit. Wenig überzeugend sind dagegen die Passagen zur Material- und Infrastrukturausstattung bzw. zur Organisation, weil zu blass, um dem selbst gesteckten Ziel transparenter Bürgerinformation gerecht werden zu können.

Wirklich fatal sind aber am Ende die Blindstellen und Defizite, welche die SdR als nachgelagertes Planungsdokument gleichsam geerbt hat und damit gezwungenermaßen weitertransportiert: Der anfangs als „Kernelement" einer Reservestrategie propagierte „Aufwuchs" wird am Ende eben doch wieder auf den kümmerlichen Appendix reduziert, den Weißbuch und KdB vorgeben. Und da diese beiden zentralen militärischen Planungsdokumente zudem von atemberaubender strategischer Gedankenarmut gezeichnet sind, kann auch die SdR hier keinen Stich machen. Und so bleibt derweilen nur die vage Hoffnung, dass sich gerade dies im Sinne des SdR-Untertitels durch eine entsprechend ‚ambitionierte‘ „Vision" in Zukunft ändern möge.

# Epilog: Das Pflichtenheft der Strategie

Unsere Rundreise durch die Landschaft moderner militärischer Planungsdokumente in Deutschland geht zu Ende. Es hat sich gezeigt, dass das sicherheitspolitische Weißbuch der Bundesregierung von 2016, die Konzeption der Bundeswehr von 2018 und mit Abstrichen auch die Strategie der Reserve von 2019 unter einem generellen Mangel leiden, den solch herausragend wichtige Papiere nicht haben dürfen: strategisch-konzeptionelle Gedankenarmut.

Dokumente spiegeln aber nur die Geister, die sie schrieben (Richter 2019). Deshalb darf man es auch nicht mit der Kritik der Papiere selbst bewenden lassen, sondern muss auch diejenigen in Verantwortung nehmen, die federführend dafür stehen. Am Ende geht es also nicht nur um das Elend der militärpolitischen und militärstrategischen Dokumente, sondern um das *Elend der Strategen*, die für sie verantwortlich zeichnen.

Insoweit muss die nun folgende Abschlussbetrachtung zweierlei liefern: Zum einen eine bündige Zusammenfassung der zuvor zusammengetragenen Einzelbefunde, um noch einmal im Brennglas zu verdeutlichen, wie besorgniserregend es inzwischen um die strategisch-konzeptionellen Fähigkeiten der politischen und der militärischen Führung in Deutschland steht.

Bei der bloßen Diagnose will ich es aber nicht belassen, sondern auch Wege zur Therapie dieses bedrohlichen Strategiedefizits aufweisen. Denn der Ratschlag Voltaires, Ärzte sollten ihre Patienten bei Laune halten, während die Natur sie kuriere, würde hier natürlich zu kurz greifen. Er mag im 18. Jahrhundert bei den damals begrenzten medizinischen Möglichkeiten der Not geschuldet gewesen sein. Doch die moderne Medizin muss sich längst nicht mehr in solcher Bescheidenheit üben.

Gleiches muss daher auch für den militärstrategischen Therapeuten gelten: Das Vertrauen darauf, dass der militärische Patient Deutschland sich trotz begrenzten Fähigkeiten seiner politisch-militärischen Ärzte schon selbst kurieren werde, ist eine Illusion. Man muss schon gezielter kurativ eingreifen, und die Möglichkeiten dafür bestehen auch!

*Das Elend der Strategen: Der Gesamtbefund*

Zum ersten Schritt, also zur Ergebnisbilanz: Weißbuch, KdB und teilweise auch SdR lassen in dieser Hinsicht massiv Wünsche offen und spiegeln damit ganz konkret die konzeptionelle Gedankenarmut und leider auch die Realitätsverweigerung, der politische und militärische Planer derzeit erliegen. In geradezu phantastischer Breite wird zunächst ein umfangreiches Aufgabenportfolio der Bundeswehr entworfen, das ihren Einsatz im In- und Ausland, national und im Rahmen der Bündnisse, in symmetrischen und asymmetrischen Konflikten, in humanitären und robusten, in eher zivilen oder primär militärischen Szenarien projektiert.

Prinzipiell ist ein derartig breites Aufgabenspektrum zumindest politisch konsequent, denn als bündnisorientierte westliche Demokratie, die auch aus eigenem Interesse in das sicherheitspolitische Weltgeschehen eingreifen will, muss Deutschland die Bundeswehr entsprechend einsetzen. Ob das auch wirklich klug ist, steht auf einem anderen Blatt. Wie auch immer: Die Beschreibung dieses Aufgabenportfolios, insbesondere im Weißbuch, ist daher noch gar nicht das Problem.

Die Realitätsverweigerung beginnt jedoch bei der Beurteilung der gegenwärtigen Bundeswehrkapazitäten, und dies zieht sich wie eine Perlenschnur durch alle hier analysierten Dokumente: Souverän wird ignoriert, dass unsere Streitkräfte inzwischen zum bedauernswerten Torso verkümmert sind, der frühere Potenziale nur mehr erahnen lässt. Das darf nicht als retrospektive Bundeswehrnostalgie missverstanden werden, sondern ist knallharter Aufweis der Fähigkeitsdefizite, die aus diesem Potenzialschwund resultieren.

Die Realitätsverweigerung spiegelt sich auch in der Beurteilung jüngerer Reformmaßnahmen, soweit man diese überhaupt ergriffen hat: Der aktuelle Bericht des Wehrbeauftragten berichtet in nüchterner Klarheit über das faktische Ausmaß derartiger „Trendwenden“, die zur Bewältigung der festgestellten Fähigkeitsprobleme eingeleitet wurden, und kommt zu keinem schmeichelhaften Gesamtbefund (Bartels 2020).

Schon der Terminus „Trendwende“ ist hier fehl am Platze, denn nach allgemeinem Sprachverständnis verbindet sich damit nicht nur eine nachhaltige, sondern auch eine substantielle Änderung der Entwicklungsrichtung. Und das gilt demzufolge auch für die drei einzelnen Komponenten, die sich die Planer hier besonders vorgenommen haben: Die „Trendwende Personal" soll der Beseitigung des Stärkeproblems unserer Streitkräfte dienen, die „Trendwende Material" der Bekämpfung der Ausstattungsmisere, die „Trendwende Finanzen" der nachhaltigen Vergrößerung der Haushaltsmittel.

Die Realität aber sieht etwas anders aus: Wer die kümmerlichen Verbesserungen der Personal-, Material- und Infrastrukturlage zur *Trendwende* erklärt, lebt entweder auf einem anderen militärpolitischen Planeten oder betreibt bewusst Etikettenschwindel. Zugegebenermaßen verhält es sich bei der Trendwende Finanzen anders, denn der Verteidigungshaushalt hat inzwischen in der Tat deutliche Zuwächse zu verzeichnen (Krause 2019).

Aber zu signifikanten strukturellen Verbesserungen hat auch dies bislang nicht geführt. Denn gerade der Aufweis der sechs Kardinalprobleme der Bundeswehr, mit dem ich meine Abhandlung begonnen habe, belegt doch das glatte Gegenteil. Ich verzichte hier auf eine detaillierte Zusammenfassung der Befunde, da sie in den Zwischenbilanzen der vorangegangenen Abschnitte schon greifbar sind, sondern fokussiere auf die jeweiligen Kernaussagen:

(1) Weißbuch, KdB und SdR gleichermaßen haben nicht wirklich im Blick, dass zur Bewältigung des gerade noch einmal angedeuteten breiten Aufgabenspektrums der Bundeswehr Potenziale nötig sind, die Deutschlands Streitkräfte derzeit nicht besitzen. Das gilt nicht nur für den kümmerlichen Bestand an Präsenzverbänden, die schon jetzt mit den aktuellen Aufgabenstellun-

114

gen überfordert sind. Sondern es betrifft vor allem die fehlenden Aufwuchskräfte für den Kriegsfall, der der eigentliche Lackmustest für militärische Potenz ist.

Zwar philosophieren die Autoren der Dokumente durchaus über die Notwendigkeit von „Aufwuchs"; der Terminus ist also präsent. Über die Qualität oberflächlichen Fabulierens hinaus reicht das allerdings nicht, denn weder wird das nun inhaltlich präzisiert noch erfolgen Festlegungen auf einen weitreichenden Ausbau militärischer Reserveformationen, die dafür natürlich nötig sind. Bis heute meint „Aufwuchs" in diesen drei Dokumenten lediglich die Aktivierung der wenigen Ergänzungstruppenteile, die ich weiter oben beschrieben habe!

(2) Das steht naturgemäß in engem Zusammenhang mit der Personalproblematik. Denn wenn die nötigen Strukturen fehlen, kann auch das eigentlich nötige Personal nicht verplant und ausgebildet werden. Mehr noch: Vor allem durch die massive Reduzierung der mannschaftsstarken Kampftruppen ist die Bundeswehr inzwischen derart dienstgradlastig geworden, dass sie für größere Kriegsoperationen nicht mehr taugt.

Die Mannschaftsdienstgrade, die dies ja primär bestreiten müssten, sind neben den Offizieren und den Unteroffizieren inzwischen zur zahlenmäßig kleinsten Dienstgradgruppe verkommen. Die laufende „Trendwende Personal" ändert daran nichts, und im Übrigen verdient sie angesichts der nur marginalen Gesamtstärkezuwächse auch ihre Bezeichnung nicht.

(3) Das Verschwinden der Bundeswehr aus der Gesellschaft schreitet ebenfalls fort, zumal die entsprechenden Bezüge gerade im Weißbuch und in der KdB reichlich schön gezeichnet werden. Faktum aber ist: Durch die weitreichenden Schließungen von Kasernen und auch Dienststellen der zivilen Wehrverwaltung sind Deutschlands Streitkräfte inzwischen aus dem Gesichtskreis der meisten Bürger verschwunden, und wenn Weißbuch und KdB etwas anderes behaupten, ist das eben erneut Realitätsverweigerung.

Immerhin setzt gerade hier die SdR andere Akzente, denn mit dem Modell der Grundbeorderung und den anderen von ihr projektierten Maßnahmen der Reservistenarbeit wird hier eine merklich gewachsene Sensibilität für dieses Problem greifbar. Gleichwohl muss auch das in den engen strukturellen bzw. personalplanerischen Grenzen stattfinden, die ich gerade noch einmal zusammengefasst habe. Die SdR muss sich hier also in das fatale militärische Planungskorsett einfügen, das ihr von Weißbuch und KdB vorgegeben ist.

(4) Auf der Basis dieser drei Befunde kann dann auch erst richtig ermessen werden, ob die behauptete „Trendwende Material" wirklich eine solche ist. Im Lichte des beschriebenen Ressourcenproblems unserer Bundeswehr löst sich auch dieses Luftschloss schnell in Wohlgefallen auf. Zwar muss zunächst noch einmal lobend in Erinnerung gerufen werden, dass insbesondere die KdB für die laufende Materialbewirtschaftung ‚im Kleinen‘, also für die Versorgung bestehender Formationen, durchaus anerkennenswerte Fortschritte aufzuweisen hat. Aber am Ende muss man trotzdem im Blick

behalten, in welchen Dimensionen Materialplanung und -bewirtschaftung erfolgen muss, um wirklich aufgabengerecht zu sein: Einmal optimistisch vorausgesetzt, dass die bestehende Ausstattung einsatztauglich und zukunftsweisend zugleich ist – was aber an vielen Stellen eben schon jetzt und wohl auch in Zukunft nicht zutrifft –, bemisst sich der Erfolg einer solchen materiellen ‚Trendwende' doch vor allem an ihrer Einsatztauglichkeit!

Mit anderen Worten ist sie also erst dann eine solche, wenn sie nicht nur den fortlaufend nötigen Materialersatz im Einsatzfall für die derzeitigen Präsenzverbände garantiert, sondern sie muss dies vor allem auch für größere Konfliktszenarien realisieren können, in denen aufwachsende und damit vollaktiv werdende Reserveformationen ebenfalls materiell versorgt werden müssen. Davon sind wir meilenweit entfernt, denn schon in Friedenszeiten besitzen die wenigen Ergänzungstruppenteile der Bundeswehr nicht immer ihr eigenes Material, und dass sich dieser Missstand ausgerechnet im Einsatzfall auf wundersame Weise verflüchtigen wird, ist doch eher fraglich.

(5) Auch in organisatorischer Hinsicht lassen Weißbuch, KdB und SdR die nötigen Perspektiven vermissen. Moderne Streitkräfte müssen einem übergreifenden Ansatz verpflichtet sein, der die traditionelle Gliederung in Heer, Marine und Luftwaffe zugunsten integrierter Modelle zwar nicht völlig aufhebt, aber doch in die zweite Reihe rückt: Denn die Integration der Bundeswehr in die internationale Bündnisarchitektur, die schon seit langem derartige *Joint*-Strukturen

aufweist, die Teilnahme an facettenreichen internationalen Missionen mit permanenter Koppelung terrestrischer, maritimer und luftbasierter Komponenten sowie nicht zuletzt die teilstreitkraftübergreifende Rolle der Digitalisierung und die Bedrohungen aus dem Cyberraum machen das nötig.

Mit der Gründung des Cyber-Kommandos ist gerade letzteres strategisch durchaus berücksichtigt worden, doch ein organisatorisch integrierendes Gesamtkonzept für alle Bereiche der Bundeswehr fehlt nach wie vor. Die schon bestehenden TSK-übergreifenden Führungskommandos sind dafür gute Ansatzpunkte, doch alleine nicht ausreichend.

(6) Gekrönt wird diese strategisch-konzeptionelle Misere durch Versäumnisse in einem Bereich, der das Elend der Strategen naturgemäß besonders augenfällig macht: im Bereich militärischer Einsatzstrategie! Das dabei zu bewältigende Pflichtenheft sei noch einmal kurz in Erinnerung gerufen: Sowohl der moderne symmetrische Krieg, also zwischen staatlichen Akteuren, muss dabei unter den jetzt bestehenden rechtlichen und vor allem technischen Rahmenbedingungen neu gedacht werden, wie auch der Einsatz in hybriden bzw. asymmetrischen Konfliktszenarien.

Zwar herrscht grundsätzlich kein Mangel an entsprechenden strategisch-konzeptionellen Doktrinen, an denen sich die Bundeswehrplaner orientieren könnten; man muss das Rad nicht neu erfinden. Zudem findet diese Planung heute nicht mehr allein im nationalen Rahmen statt, sondern muss bündnisweit koordiniert werden. Doch die wirkliche Herausforderung ist eine

118

*inhaltliche*: Die lange militärstrategische Tradition hat uns nicht nur sehr viele, sondern auch voneinander abweichende, ja sogar im Widerspruch zueinanderstehende Konzepte beschert.

Moderne Strategiearbeit muss daher vor allem darin bestehen, aus dieser inhaltlichen Polyphonie die nötigen Schlüsse zu ziehen und für das Hier und Jetzt passende einheitliche und auch praktisch anwendbare Militärdoktrinen zu entwickeln. Denn spätestens auf dem Schlachtfeld muss es mit der philosophischen Abwägung zwischen direkten und indirekten, totalen oder begrenzten, bevölkerungs- oder feindzentrierten Ansätzen vorbei sein. Hier erwarten die Soldaten eine klare Ansage in Form einer griffigen, einheitlichen Doktrin, und sie erwarten dies zu Recht.

Den entsprechenden Bedarf haben die Bundeswehrplaner durchaus erkannt, wenn man die Aufwertung der FüAkBw zum militärstrategischen *Think Tank* und die Gründung des GIDS als Indikatoren nimmt. Doch in Weißbuch, KdB und SdR kommt das nicht zum Ausdruck: Über peinlich kurze Pauschalformeln zur Notwendigkeit militärischer Strategiebildung reichen die dortigen Passagen nicht hinaus. Das Elend der Strategen wird also gerade dort besonders offensichtlich, und deshalb führt kein Weg an der bedrückenden Erkenntnis vorbei, dass dies vor allem an ihren unzureichenden strategischen *Fähigkeiten* liegt!

Es steht also außer Frage: die militärpolitischen Planer Deutschlands haben ein eklatantes Strategieproblem. Und bei der Erfassung der Kardinalprobleme der Bundeswehr sind auch Dimension und Reichweite dieser konzeptionellen Schwäche deutlich geworden. Denn Militärstrategie reduziert sich eben nicht auf die bloße Einsatzstrategie, sondern ist als komplexes ‚Gesamtkunstwerk' zu verstehen, in dem neben dieser einsatzbezogenen Komponente auch organisatorische, personalplanerische, sozialpolitische sowie rüstungstechnische und logistische Aspekte eine Rolle spielen müssen.

Im Grunde ist diese Erkenntnis ja nicht neu, sondern spiegelt im Wesentlichen die klassischen sechs militärischen Führungsgrundgebiete (FGG) der Bundeswehr, in Kurzform also die Bereiche Personalwesen, Innere Führung und Öffentlichkeitsarbeit (1), Nachrichtenwesen und militärische Sicherheit (2), Führung, Planung, Ausbildung und Organisation (3), Logistik und Sanitätswesen (4), zivil-militärische Zusammenarbeit (5) sowie Führungsunterstützung (6).

Wenngleich die westlichen Militärstäbe und auch die Bundeswehr inzwischen der komplexeren *Joint Staff Functions*-Systematik folgen (Schaub 2016), spiegeln die klassischen FGG-Felder schon das in der militärischen Praxis permanent vorhandene Erfordernis, in Stäben ganzheitlich zu arbeiten und die Tätigkeitsfelder der verschiedenen Abteilungen durch die Führungsebenen systematisch zu koordinieren.

Was aber auf Bataillons-, Brigade-, Divisions- oder Korpsebene gilt, also die Planungen der einzelnen Abteilungen durch die jeweiligen Stabschefs gezielt zu koordinieren und dadurch zu einem effektiven Handlungsprogramm der jeweiligen Truppengliederung zu gelangen, muss demzufolge auch für die militärstrategische Planungsarbeit auf oberster Ebene gelten. Schon allein dies ist ein konzeptioneller Kraftakt, denn viele Einzelaspekte gilt es dabei zu einer stimmigen Gesamtplanung zu vereinen.

Das ist einfacher gesagt als getan, denn häufig ergeben sich zwischen den Erfordernissen der einzelnen FGG auch Zielkonflikte, die nicht einfach aufzulösen sind: Gebotene Maßnahmen der Öffentlichkeits- und der zivil-militärischen Zusammenarbeit (FGG 1 und 5) etwa sind nicht immer einfach auf die Erfordernisse militärischer Geheimhaltung (FGG 2) abzustimmen, und militärische Operationsplanungen (FGG 3) müssen Rücksicht nehmen auf das logistisch und führungstechnisch Mögliche (FGG 4 und 6). Derlei Zielkonflikte aufzulösen erfordert also schon seit jeher einen ganzheitlichen Konzeptionsansatz.

Nun kommt jedoch noch eine zweite planerische Dimension hinzu, die die Komplexität moderner Militärstrategie erst wirklich verdeutlicht: Die bislang nur grundsätzlich benannten und aufeinander abgestimmten FGG müssen nun noch auf die verschiedenen, ganz unterschiedlich gearteten Einsatzszenarien zugeschnitten werden. Das Spektrum der erweiterten Petersberg-Aufgaben (Gaedtke 2009: 35-39), auf welches man sich im Rahmen der Europäischen Union geeinigt hat, verdeutlicht diese Herausforderung:

Dem Petersberg-Katalog zufolge sind zu den klassischen Militäraufgaben der Landes- und Bündnisverteidigung (1) sowie des Heimat- und Katastrophenschutzes (2) verschiedenste Formen internationaler *Peace Support Operations* hinzugekommen: Humanitäre Unterstützung und Rettungseinsätze (3) werden Streitkräften nun ebenso ins Pflichtenheft diktiert wie Aufgaben der Konfliktprävention (4). Militärische Maßnahmen zur Friedenserzwingung (*peace enforcement*) (5) gehören naturgemäß auch dazu, aber eben auch solche der Friedenserhaltung (*peace keeping*) und -konsolidierung (6). Und weil dieses Aufgabenportfolio offensichtlich noch nicht reicht, wird Streitkräften auch noch die Unterstützung von Abrüstungsmaßnahmen (7) sowie die militärische Beratung und Unterstützung auferlegt (8).

Wer nun aufmerksam mitgezählt hat, kann auf einen Blick erfassen, welche Herausforderungen moderne Militärstrategie zu bewältigen hat, wenn sie ihren Namen verdienen soll: Die grundsätzlichen Erfordernisse der sechs FGG sind jeweils auf die spezifischen Erfordernisse der acht genannten Aufgabenfelder zuzuschneiden, aber eben nicht getrennt voneinander, sondern aufeinander bezogen. Denn am Ende existiert ja nur ein *Single Set of Forces*, das all dies gleichermaßen bewältigen muss!

Es ergibt sich folglich eine Matrix von nicht weniger als 48 Einzelszenarien, die militärstrategisch zunächst jeweils für sich zu durchdenken, aber anschließend eben auf die Erfordernisse der jeweils anderen

Felder abzustimmen sind, um Synergieeffekte zu erzeugen und Zielkonflikte zu begrenzen.

Dass gerade letzteres schon grundsätzlich schwierig ist, wurde bereits angesprochen, wird aber angesichts der Vielfalt der Petersberg-Aufgaben zur Herkulesaufgabe. Denn die einzelnen Tätigkeitsfelder sind ja in ganz unterschiedlichem Maße ‚militärisch‘ – stark ausgeprägt bei friedenserzwingenden Aktionen, marginal bei der Unterstützung ziviler Rettungseinsätze und beim Katastrophenschutz.

Aber schon allein mit dieser exemplarischen Konkretisierung ist bereits angedeutet, welche militärstrategischen Herausforderungen daraus erwachsen: Katastrophenschutz und Rettungseinsätze bergen andere logistische und materialspezifische Ansprüche als Kriegseinsätze. Militärische Beratungsaktivitäten können von wenigen Personen getätigt werden und erfordern keine Einsatzplanung für komplette Verbände. Sie erfordern stattdessen eine gezielte Vorbereitung der dafür ausgewählten Soldaten, was die Vermittlung sprachlicher und interkultureller Kompetenzen einschließen muss. Sinngemäß gilt das auch für Friedensmissionen, bei denen auch noch völkerrechtliche Kenntnisse nötig sind, die wiederum beim nationalen Katastrophenschutz keine Rolle spielen.

Ob es politisch klug war, nicht nur der Bundeswehr, sondern auch anderen Streitkräften weltweit ein derart umfangreiches Aufgabenspektrum ins Stammbuch zu schreiben, sei an dieser Stelle erneut dahingestellt. Doch jeder Soldat weiß selbst, wieviel Zeit allein es schon braucht, das genuine ‚militärische Gewerbe‘ zu erlernen.

Zwei Jahre waren nötig, um mich zum einsatztauglichen Mörseroffizier auszubilden, und dieses Zeitfenster ist heute sicherlich nicht kleiner geworden. Und dies während des Kalten Krieges, also zu einem Zeitpunkt, als sich die Bundeswehr noch auf ihre klassischen Verteidigungsaufgaben konzentrieren konnte und trotzdem bestens ausgelastet war. Heute aber wird diese militärische Kernkompetenz schon fast als nebensächliche Pflicht erachtet, die neben den Kür-Aktivitäten in den Sphären der Petersberg-Aufgaben gerne aus dem Blick gerät.

Wie auch immer: Wenn der Bundeswehr dieses komplexe Pflichtenheft zugeschrieben wird, muss die Militärstrategie dem entsprechen. Die Vielfalt der Einzelszenarien, die aus der konzeptuellen Kopplung von Führungsgrundgebieten und spezifischen Aufgabenfeldern resultiert, muss Schritt für Schritt gedanklich durchdrungen und am Ende zu einem stimmigen militärstrategischen Gesamtansatz zusammengebaut werden, der auch einsatztauglich ist. Er muss also die Qualität einer praktikablen, jedem einzelnen Soldaten unmittelbar einleuchtenden *Doktrin* besitzen, ohne dabei *doktrinär* zu sein.

Das Wortspiel hat Methode: Denn natürlich darf auch eine Militärstrategie nicht *dogmatisch* verengt sein, weil ihr das jegliche Flexibilität und Anpassungsfähigkeit nähme. Das widerspräche auch dem bestens bewährten Prinzip der Auftragstaktik, die ohne solche Spielräume nicht denkbar ist (Freudenberg 2014).

Andererseits darf Militärstrategie auch nicht in das andere Extrem philosophischer Beliebigkeit verfallen, sondern muss bei Wahrung von Flexibilität trotzdem mit klaren strategischen Ansagen arbeiten, die gerade in Einsatzszenarien unverzichtbar sind. Oder noch konkreter zugespitzt: Den Luxus, über Sinn und Inhalt „Innerer Führung" zu philosophieren, kann man sich in konfliktfreien Friedenszeiten leisten – und dann sollte man dies auch! Im Einsatz dagegen hat schon verloren, wer im Kampf darüber nachdenken muss, wie sein Gewehr zu zerlegen und wieder zusammenzusetzen ist.

Dieses zugegebenermaßen sehr praktische Beispiel soll aber verdeutlichen, dass ein Ausbildungsdrill, der den Soldaten vor dieser Gefahr bewahren soll, sinngemäß auch auf militärstrategischer Ebene wichtig ist: Es darf nicht nur darum gehen, militärstrategische Festlegungen zu treffen, sondern sie müssen auch durch praktische Übungen fest im gedanklichen Repertoire der Truppe verankert werden, um situativ zügig anwendbar zu sein. Denn eine Militärstrategie, die nur am grünen Tisch der Strategen existiert, aber keinen Eingang in das Denken und das praktische Handeln der Soldaten findet, hat schon verloren, bevor der erste Schuss fällt.

*Bundeswehr braucht Strategie! Abschlussappell*

Im Oktober 2017 stellte ich meinen kritischen Zustandsbericht auf einer Veranstaltung der Konrad-Adenauer-Stiftung in Potsdam zur Debatte. Als Diskussionspartner nahm auch General a.D. Klaus Naumann teil, der in seinem Beitrag insbesondere auf das abhob, was mich in der vorliegenden Schrift bewegt. Er bestätigte meine zentrale Diagnose: die Bundeswehr leidet unter einem Strategiedefizit.

Der Bericht des Tagungsleiters fasst das in folgende Worte: „Bis 2000, so General a.D. Naumann, habe es zahlreiche deutsch-amerikanische Initiativen in der Verteidigungspolitik gegeben. Das sei nun anders, bedauerte er. Reaktives Handeln reiche zudem im Cyberkrieg nicht aus, es sei vielmehr nötig, ‚präventiv‘ zu agieren und dies als Verteidigungsstrategie auszuformen“ (Arnold 2017).

Nun lässt sich über die konkreten Zeiträume trefflich streiten, doch zumindest an Weißbuch, KdB und SdR gemessen, die nicht von heute auf morgen entstanden sind und zudem auf Vorläuferdokumenten aufbauen, ist ein längerfristig angelegtes und damit strukturelles militärpolitisches Strategiedefizit leider unverkennbar. Es ist höchste Zeit, dass sich dies ändert.

Die Kapazitäten dafür hat die Bundeswehr: Ihre Führungsakademie in Hamburg wurde zum militärpolitischen *Think Tank* umgebaut, und auch das dort beheimatete GIDS dient dieser Aufgabe. Strukturell betrachtet besitzen unsere Streitkräfte also die dafür nötigen Potenziale. Die militärpolitische Führung muss diese Kapazitäten nun aber auch mit gezielten Impulsen nutzen! Denn eine deutsche Militärstrategie wird nicht als Selbstläufer in nachgeordneten Ämtern und Akademien entstehen, sondern bedarf gezielter, vernünftig gefasster militärpolitischer Vorgaben. Das ist das Pflichtenheft der Zukunft.

# Literatur


Arnold, Klaus Jochen (2017): Heimatschutz wieder gefragt? Diskussion über die Kardinalprobleme der Bundeswehr, 24.10., https://www.kas.de/de/web/brandenburg/veranstaltungsberichte/detail/-/content/heimatschutz-wieder-gefragt-1 (Zugriff: 03.05.20).

Bartels, Hans-Peter (2020): Unterrichtung durch den Wehrbeauftragten. Jahresbericht 2019, Deutscher Bundestag, Drucksache 19/16500, 28.01. Berlin: Bundesanzeiger.

BMVg (2018): Neues Fähigkeitsprofil komplettiert Konzept zur Modernisierung der Bundeswehr, 04.09., https://www.bmvg.de/de/aktuelles/neues-faehigkeitsprofil-der-bundeswehr-27550 (Zugriff: 29.10.18).

Bredow, Wilfried von (2008): Militär und Demokratie in Deutschland. Eine Einführung. Wiesbaden: VS Verlag für Sozialwissenschaften.

Brugmann, Gerhard (2017): Innere Führung ist Teil der Führung. In: Hartmann, Uwe/von Rosen, Claus (Hrsg.): Jahrbuch Innere Führung 2017. Die Wiederkehr der Verteidigung in Europa und die Zukunft der Bundeswehr. Berlin: Carola Hartmann Miles-Verlag, S. 273-277.

Bühner, Rolf (2004): Betriebswirtschaftliche Organisationslehre, 10. Aufl. München, Wien: Oldenbourg.

DBwV (2019): Deutscher Bundeswehrverband: Landesregiment Bayern startet durch, https://www.dbwv.de/aktuelle-themen/blickpunkt/beitrag/news/landesregiment-bayern-startet-durch (Zugriff: 30.10.19).

Flume, Wolfgang, Hrsg. (2013): Die Ausrüstung der Bundeswehr. Folge 2. Sankt Augustin: cpm.

Flume, Wolfgang/Leckel, Matthias/Steinseifer, Friedrich, Hrsg. (2015): Taschenbuch Deutsche Bundeswehr, Folge 5. Sankt Augustin: cpm.

Freudenberg, Dirk (2014): Auftragstaktik und Innere Führung. Feststellungen und Anmerkungen zur Frage nach Bedeutung und Verhältnis des inneren Gefüges und der Auftragstaktik unter den Bedingungen des Einsatzes der Deutschen Bundeswehr. Berlin: Carola Hartmann Miles-Verlag.

Fuhrmann, Jan (2019): Wirklich strategiefrei? Eine Rekonstruktion des Strategieverständnisses in Weißbüchern der Bundesregierung. In: Jacobi, Daniel/Hellmann, Gunther (Hrsg.): Das Weißbuch 2016 und die Herausforderungen von Strategiebildung. Zwischen Notwendigkeit und Möglichkeit (Edition ZfAS). Wiesbaden: Springer VS, S. 59-86.

Gaedtke, Jens-Christian (2009): Europäische Außenpolitik. Paderborn: Schöningh/UTB.

Galula, David (2006): Counterinsurgency Warfare. Westport, CT, London: Praeger (erstmals 1964).

Geis, Anna (2019): Warten auf die große sicherheitspolitische Debatte in Deutschland? Jenseits von Defizitdiagnosen, Vermeidungsdiskursen, Erziehungskampagnen. In: Jacobi, Daniel/Hellmann, Gunther (Hrsg.): Das Weißbuch 2016 und die Herausforderungen von Strategiebildung. Zwischen Notwendigkeit und Möglichkeit (Edition ZfAS). Wiesbaden: Springer VS, S. 199-221.

Hagen, Ulrich von/Tomforde, Maren (2005): Militärische Organisationskultur. In: Leonhard, Nina/Werkner, Ines-Jacqueline (Hrsg.): Militärsoziologie – Eine Einführung, Wiesbaden: VS Verlag für Sozialwissenschaften, S. 176-197.

Hartmann, Uwe (2015): Hybrider Krieg als neue Bedrohung von Freiheit und Frieden. Berlin: Carola Hartmann Miles-Verlag.

Hofstetter, Yvonne (2019): Der unsichtbare Krieg. Wie die Digitalisierung Sicherheit und Stabilität in der Welt bedroht. München: Droemer.

Jacobi, Daniel/Hellmann, Gunther (Hrsg.) (2019): Das Weißbuch 2016 und die Herausforderungen von Strategiebildung. Zwischen Notwendigkeit und Möglichkeit (Edition ZfAS). Wiesbaden: Springer VS.

Kaldor, Mary (2000): Neue und alte Kriege. Organisierte Gewalt im Zeitalter der Globalisierung. Frankfurt a. M.: Suhrkamp.

KdB (2013): Konzeption der Bundeswehr. Hrsg. Bundesministerium der Verteidigung. Berlin.

KdB (2018): Konzeption der Bundeswehr. Hrsg. Bundesministerium der Verteidigung. Berlin.

KdR (2012): Konzeption der Reserve (KdR). Hrsg. Bundesministerium der Verteidigung. Berlin.

Kilcullen, David (2010). Counterinsurgency, Oxford, New York: Oxford University Press.

Koalitionsvertrag (2018): Ein neuer Aufbruch für Europa. Eine neue Dynamik für Deutschland. Ein neuer Zusammenhalt für unser Land, https://www.cdu.de/system/tdf/media/dokumente (Zugriff: 29.10.18).

Kraus, Josef/Drexl, Richard (2019): Nicht einmal mehr bedingt abwehrbereit. Die Bundeswehr zwischen Elitetruppe und Reformruine. München: FinanzBuch Verlag.

Krause, Dan (2019): Erfolg oder Fehlschlag – Wie steht es um die Trendwenden der Bundeswehr?, Europäische Sicherheit & Technik, 06.06., https://esut.de/2019/06/-fachbeitraege/politik-fachbeitraege (Zugriff: 15.05.20).

Lippert, Ekkehard (1982): Heute Zivilist – morgen Soldat. In: Barth, Peter (Hrsg.): Die Bundeswehr in Staat und Gesellschaft. München: Bayerische Landeszentrale für politische Bildungsarbeit, S. 175–187.

Naumann, Klaus (2018): Der Weg ins Versagen. Was bei den Sondierungen in der Verteidigungspolitik beschlossen wurde, ist eine brandgefährliche Illusion. In: Süddeutsche Zeitung, 29.01., S. 2.

Richter, Frank (2019): Strategieentwicklung als institutionalisierter Prozess. Strategie und Vorausschau im Bundesministerium der Verteidigung. In: Jacobi, Daniel/Hellmann, Gunther (Hrsg.): Das Weißbuch 2016 und die Herausforderungen von Strategiebildung. Zwischen Notwendigkeit und Möglichkeit (Edition ZfAS). Wiesbaden: Springer VS, S. 121-126.

Roy, Tanja C./Lopez, Heather P./Piva, Sara R. (2015): Loads Worn by Soldiers Predict Episodes of Low Back Pain During Deployment to Afghanistan. In: Spine 38, S. 1310-1317.

Schaub, Harald (2016): Militärische Stäbe in der Bundeswehr. In: Hofinger, Gesine/Heimann, Rudi (Hrsg.): Handbuch Stabsarbeit. Führungs- und Krisenstäbe in Einsatzorganisationen, Behörden und Unternehmen. Berlin, Heidelberg: Springer, S. 33-37.

Schneckener, Ulrich (2006): Fragile Staatlichkeit. „States at Risk" zwischen Stabilität und Scheitern, Baden-Baden: Nomos.

Schwan, Konrad/Seipel, Kurt (2002): Erfolgreich beraten – Grundlagen der Unternehmensberatung, München: Vahlen.

SdR (2019): Strategie der Reserve 2019. Vision Reserve 2032+. Hrsg. Bundesministerium der Verteidigung. Berlin.

Sebaldt, Martin (2017a): Nicht abwehrbereit. Die Kardinalprobleme der deutschen Streitkräfte, der Offenbarungseid des Weißbuchs und die Wege aus der Gefahr. Berlin: Carola Hartmann Miles-Verlag.

Sebaldt, Martin (2017b): Nicht verteidigungsfähig! Die Kardinalprobleme der Bundeswehr und ihre militärischen Folgen. In: Hartmann, Uwe/von Rosen, Claus (Hrsg.): Jahrbuch Innere Führung 2017. Die Wiederkehr der Verteidigung in Europa und die Zukunft der Bundeswehr. Berlin: Carola Hartmann Miles-Verlag, S. 259-272.

Sebaldt, Martin (2018): Militärpolitik im freien Fall: Warum die neue Konzeption der Bundeswehr ein Armutszeugnis ist. In: Hartmann, Uwe/von Rosen, Claus (Hrsg.): Jahrbuch Innere Führung 2018. Innere Führung zwischen Aufbruch, Abbau und Abschaffung. Berlin: Carola Hartmann Miles-Verlag, S. 200-217.

Sebaldt, Martin (2019): Fortschritt oder Stagnation? Die neue „Strategie der Reserve" der Bundeswehr in der militärpolitischen Evaluation. In: Hartmann, Uwe/von Rosen, Claus (Hrsg.): Jahrbuch Innere Führung 2019. Bundeswehr im Aufbruch. Berlin: Carola Hartmann Miles-Verlag, S. 160-177.

Sebaldt, Martin/Straßner, Alexander, Hrsg. (2011): Aufstand und Demokratie. Counterinsurgency als normative und praktische Herausforderung. Wiesbaden: VS Verlag für Sozialwissenschaften.

Seliger, Marco (2017): Bundeswehr 2032. In: loyal, Heft 6, S. 30–33.

SKB (2019): Streitkräftebasis: Landesregiment Bayern, https://www.streitkraeftebasis.de/portal/a/streitkraeftebasis/start/reserve/res_by/landesregiment_bayern (Zugriff: 30.10.19).

Sondierungsgespräche (2018): Ergebnisse der Sondierungsgespräche von CDU, CSU und SPD. Finale Fassung, 12.01., https://www.cdu.de/system/tdf/media/dokumente (Zugriff: 29.10.18).

Stahel, Albert A. (1996): Klassiker der Strategie – eine Bewertung. Zürich: vdf Hochschulverlag.

Strukturkommission der Bundeswehr (2010): Vom Einsatz her denken. Konzentration, Flexibilität, Effizienz. Berlin, https://www.roderich-kiesewetter.de/fileadmin/Service/Dokumente/20101026-weise-kommissionsbericht.-pdf (Zugriff: 29.10.18).

Thiels, Christian (2019): Das Land ohne Eigenschaften? Das Weißbuch 2016 und Deutschlands schwieriges Verhältnis zur eigenen sicherheitspolitischen Strategie. In: Jacobi, Daniel/Hellmann, Gunther (Hrsg.): Das Weißbuch 2016 und die Herausforderungen von Strategiebildung. Zwischen Notwendigkeit und Möglichkeit (Edition ZfAS). Wiesbaden: Springer VS, S. 173-186.

Thompson, Sir Robert (1966): Defeating Communist Insurgency. London: Chatto & Windus.

Trinquier, Roger (2006): Modern Warfare. Westport, CT, London: Praeger (erstmals 1964).

Warden, John A. (1991): The Air Campaign, 3. Aufl. Washington, D.C.: National Defense University Press.

Wege zum Weißbuch (2016): Weißbuch 2016. Wege zum Weißbuch. Hrsg. Bundesministerium der Verteidigung. Berlin.

Weißbuch (2016): Weißbuch 2016 zur Sicherheitspolitik und zur Zukunft der Bundeswehr. Hrsg. Bundesministerium der Verteidigung. Berlin.

# Über den Autor

*Martin Sebaldt*, Prof. Dr. phil. habil., geb. 1961. Nach zweijährigem Wehrdienst und Ausbildung zum Mörseroffizier Studium der Politikwissenschaft, Mittleren und Neueren Geschichte sowie der Soziologie an den Universitäten Passau, München und Cambridge. Stipendiat der Konrad-Adenauer- und der Hanns-Seidel-Stiftung. 1988 Magisterexamen, 1991 Promotion und 1996 Habilitation. 1997 Wissenschaftspreis des Deutschen Bundestages. Seit 2003 Inhaber des Lehrstuhls für Vergleichende Politikwissenschaft (Schwerpunkt Westeuropa) der Universität Regensburg. Nach zahlreichen Wehrübungen in der Gebirgstruppe, im Bundesministerium der Verteidigung und an der Führungsakademie der Bundeswehr Oberst der Reserve.

*Wichtigste Publikationen:* Die Thematisierungsfunktion der Opposition. Die parlamentarische Minderheit des Deutschen Bundestags als innovative Kraft im politischen System der Bundesrepublik Deutschland, Frankfurt a.M. u.a. 1992; Organisierter Pluralismus. Kräftefeld, Selbstverständnis und politische Arbeit deutscher Interessengruppen, Opladen 1997; Transformation der Verbändedemokratie. Die Modernisierung des Systems organisierter Interessen in den USA, Wiesbaden 2001; Der Deutsche Bundestag im Wandel. Ergebnisse neuerer Parlamentarismusforschung, Wiesbaden 2001 (Hrsg. mit Heinrich Oberreuter und Uwe Kranenpohl); Parlamentarismus im Zeitalter der Europäischen Integration. Zu Logik und Dynamik politischer Entscheidungsprozesse im demokratischen Mehrebenensystem der EU, Opladen 2002; Verbände in der Bundesrepublik Deutschland. Eine Einführung, Wiesbaden 2004 (mit Alexander Straßner);

Klassiker der Verbändeforschung, Wiesbaden 2006 (Hrsg. mit Alexander Straßner); Die Macht der Parlamente. Funktionen und Leistungsprofile nationaler Volksvertretungen in den alten Demokratien der Welt, Wiesbaden 2009; Politische Führung in westlichen Regierungssystemen. Theorie und Praxis im internationalen Vergleich, Wiesbaden 2010 (Hrsg. mit Henrik Gast); Die CSU. Strukturwandel, Modernisierung und Herausforderungen einer Volkspartei, Wiesbaden 2010 (Hrsg. mit Gerhard Hopp und Benjamin Zeitler); Aufstand und Demokratie. Counterinsurgency als normative und praktische Herausforderung, Wiesbaden 2011 (Hrsg. mit Alexander Straßner); Pathologie der Demokratie. Defekte, Ursachen und Therapie des modernen Staates, Wiesbaden 2015; Aufstieg und Fall westlicher Herrschaft. Zum Grundproblem globaler Politik im Spiegel moderner Klassiker, Wiesbaden 2016 (Hrsg. mit Andreas Friedel, Sabine Fütterer und Sarah Schmid); Nicht abwehrbereit. Die Kardinalprobleme der deutschen Streitkräfte, der Offenbarungseid des Weißbuchs und die Wege aus der Gefahr, Berlin 2017; Demokratie und Anomie. Eine fundamentale Herausforderung moderner Volksherrschaft in Theorie und Praxis, Wiesbaden 2020 (Hrsg. mit Simon Bein, Sebastian Enghofer, Verena Ibscher und Luis Illan); Christlich-Soziale Union. Politisches Kapital und zentrale Herausforderungen der CSU im 21. Jahrhundert, Wiesbaden 2020 (Hrsg. mit Gerhard Hopp und Benjamin Zeitler).

# Carola Hartmann Miles-Verlag

## <u>Standpunkte und Orientierungen</u>

**Daniel Giese,** *Militärische Führung im Internetzeitalter,* Berlin 2014.

**Dirk Freudenberg,** *Auftragstaktik und Innere Führung. Feststellungen und Anmerkungen zur Frage nach Bedeutung und Verhältnis des inneren Gefüges und der Auftragstaktik unter den Bedingungen des Einsatzes der Deutschen Bundeswehr,* Berlin 2014.

**Hartwig von Schubert,** *Integrative Militärethik. Ethische Urteilsbildung in der militärischen Führung,* Berlin 2015.

**Uwe Hartmann,** *Hybrider Krieg als neue Bedrohung von Freiheit und Frieden. Zur Relevanz der Inneren Führung in Politik, Gesellschaft und Streitkräften,* Berlin 2015.

**Klaus Beckmann,** *Treue.Bürgermut.Ungehorsam. Anstöße zur Führungskultur und zum beruflichen Selbstverständnis in der Bundeswehr,* Berlin 2015.

**Florian Beerenkämper, Marcel Bohnert, Anja Buresch, Sandra Matuszewski,** *Der innerafghanische Friedens- und Aussöhnungsprozess,* Berlin 2016.

**Martin Sebaldt,** *Nicht abwehrbereit. Die Kardinalprobleme der deutschen Streitkräfte, der Offenbarungseid des Weißbuchs und die Wege aus der Gefahr,* Berlin 2017.

**Christian J. Grothaus,** *Der „hybride Krieg" vor dem Hintergrund der kollektiven Gedächtnisse Estlands, Lettlands und Litauens,* Berlin 2017.

**Uwe Hartmann,** *Der gute Soldat. Politische Kultur und soldatisches Selbstverständnis heute,* Berlin 2018.

**Christian Bauer, Marcel Bohnert, Jan Pahl,** *Vitalis Innere Führung! Zum Status Quo der Führungskultur in den deutschen Streitkräften,* Berlin 2018.

**Helmut Jermer,** *Innere Führung kompakt. Eine Zusammenschau als Lehr- und Lernhilfe,* Berlin 2019.

## Militär und Gesellschaft

**Hans-Christian Beck, Christian Singer (Hrsg.),** *Entscheiden – Führen – Verantworten. Soldatsein im 21. Jahrhundert,* Berlin 2011.

**Wolf Graf von Baudissin,** *Grundwert Frieden in Politik – Strategie – Führung von Streitkräften,* hrsg. von Claus von Rosen, Berlin 2014.

**Marcel Bohnert, Lukas J. Reitstetter (Hrsg.),** *Armee im Aufbruch. Zur Gedankenwelt junger Offiziere in den Kampftruppen der Bundeswehr,* Berlin 2014.

**Phil C. Langer, Gerhard Kümmel (Hrsg.),** *„Wir sind Bundeswehr." Wie viel Vielfalt benötigen/vertragen die Streitkräfte?,* Berlin 2015.

**Eberhard Birk, Peter Andreas Popp (Hrsg.),** *Luftwaffenoffizier 21. Das Selbstverständnis des Luftwaffenoffiziers zu Beginn des 21. Jahrhunderts, (aus der Reihe Schriften zur Geschichte der Deutschen Luftwaffe, Band 5),* Berlin 2016.

**Alois Bach, Walter Sauer (Hrsg.),** *Schützen.Retten.Kämpfen. Dienen für Deutschland,* Berlin 2016.

**Marcel Bohnert, Björn Schreiber (Hrsg.),** *Die unsichtbaren Veteranen. Kriegsheimkehrer in der deutschen Gesellschaft,* Berlin 2016.

**Angelika Dörfler-Dierken (Hrsg.),** *Hinschauen! Geschlecht, Rechtspopulismus, Rituale: Systemische Probleme oder individuelles Fehlverhalten?,* Berlin 2019.

## Schriften zur Tradition

**Eberhard Birk, Winfried Heinemann, Sven Lange (Hrsg.),** *Tradition für die Bundeswehr. Neue Aspekte einer alten Debatte,* Berlin 2012.

**Donald Abenheim, Uwe Hartmann (Hrsg.),** *Tradition in der Bundeswehr. Zum Erbe des deutschen Soldaten und zur Umsetzung des neuen Traditionserlasses,* Berlin 2018.

**Joachim Welz,** *Vom Kontingentsheer zum Reichsheer: Militärkonventionen als Motor der Wehrverfassung,* Berlin 2018.

**Donald Abenheim, Uwe Hartmann,** *Einführung in die Tradition der Bundeswehr. Das soldatische Erbe in dem besten Deutschland, das es je gab,* Berlin 2019.

**Eberhard Birk, Heiner Möllers (Hrsg.),** *Die Luftwaffe und ihre Traditionen (aus der Reihe Schriften zur Geschichte der Deutschen Luftwaffe, Band 10),* Berlin 2019.

## Erinnerungen

**Blue Braun,** *Erinnerungen an die Marine 1956–1996,* Berlin 2012.

**Klaus Grot,** *So war's, damals. Dienstchronik eines Pionieroffiziers im Kalten Krieg 1954–1991,* Berlin 2014.

**Gustav Lünenborg,** *Bürger und Soldat. Innere Führung hautnah 1956–1993, 1993–2015,* Berlin 2015.

**Adolf Brüggemann,** *Als Offizier der Bundeswehr im Auswärtigen Dienst. Meine Erinnerungen als Militärattaché in Seoul (Republik*

Korea) 1978–83 und in Prag (Tschechoslowakei/Tschechien) 1988–1993, Berlin 2015.

**Rainer Buske,** *Eine Reise ins Innere der Bundeswehr. Wundersame Geschichten aus einer anderen Welt,* Berlin 2016.

**Heinz Laube,** *Duell am Himmel,* Berlin 2016.

**Viktor Toyka,** *Dienst in Zeiten des Wandels. Erinnerungen aus 40 Jahren Dienst als Marineoffizier 1966-2000,* Berlin 2017.

**Hans-Eckhard Tribess (Hrsg.),** *Im Leben unterwegs – für den Frieden. Festschrift für Wolfgang Altenburg zum 90. Geburtstag am 22. Juni 2018,* Berlin 2019.

**Kurt Graf v. Schweinitz,** *Notizen im Transit von Krieg und Frieden,* Berlin 2020.

## Militärgeschichte

**Eberhard Kliem, Kathrin Orth,** *"Wir wurden wie blödsinnig vom Feind beschossen". Menschen und Schiffe in der Skagerrakschlacht 1916,* Berlin 2016.

**Hans Frank, Norbert Rath,** *Kommodore Rudolf Petersen. Führer der Schnellboote 1942–1945. Ein Leben in Licht und Schatten unteilbarer Verantwortung,* Berlin 2016.

**Eckhard Lisec,** *Der Völkermord an den Armeniern im 1. Weltkrieg – Deutsche Offiziere beteiligt?,* Berlin 2017.

**Ingo Pfeiffer,** *Heinz Neukirchen. Marinekarriere an wechselnden Fronten,* Berlin 2017.

**Joachim Welz,** *Erfolgsstory oder Trauma – die Übernahme von Armeen. Lehren aus der Übernahme des österreichischen Bundesheeres in die Wehrmacht 1938 und der Reste der NVA in die Bundeswehr 1990,* Berlin 2018.

**Joachim Hoppe, Manfred Wilde (Hrsg.),** *Die Unteroffizierschule des Heeres, Die militärische Meisterschule,* Berlin 2016.

**Georg Neuhaus,** *Am Anfang war ein Speer. Eine Chronographie der Kriegs- und Militärtechnologien,* Berlin 2018.

**Hans-Werner Ahrens,** *Die Transportflieger der Luftwaffe 1956 bis 197. Konzeption – Aufbau – Einsatz, (Reihe Schriften zur Geschichte der Deutschen Luftwaffe, Band 8),* Berlin 2019.

**Jobst Reller,** *Die Anfänge der evangelischen Militärseelsorge,* Berlin 2019.

**Eberhard Frhr. v. Senden, Friedrich Frhr. v. Senden,** *Der Erste Weltkrieg 1914–1918. Erlebnisse eines jungen Leutnants,* Berlin 2020.

### Einsatzerfahrungen

**Artur Schwitalla,** *Afghanistan, jetzt weiß ich erst… Gedanken aus meiner Zeit als Kommandeur des Provincial Reconstruction Team FEYZABAD,* Berlin 2010.

**Rainer Buske,** *KUNDUZ. Ein Erlebnisbericht über einen militärischen Einsatz der Bundeswehr in AFGHANISTAN im Jahre 2008,* Berlin ²2016.

### Offiziersbibliothek

**Uwe Hartmann,** *Offiziersbibliothek I: Deutschland,* Berlin 2020.

### Jahrbuch Innere Führung

**Uwe Hartmann, Claus von Rosen, Christian Walther (Hrsg.),** *Jahrbuch Innere Führung 2009. Die Rückkehr des Soldatischen,* Eschede 2009.

**Helmut R. Hammerich, Uwe Hartmann, Claus von Rosen (Hrsg.),** *Jahrbuch Innere Führung 2010. Die Grenzen des Militärischen,* Berlin 2010.

**Uwe Hartmann, Claus von Rosen, Christian Walther (Hrsg.),** *Jahrbuch Innere Führung 2011. Ethik als geistige Rüstung für Soldaten,* Berlin 2011.

**Uwe Hartmann, Claus von Rosen, Christian Walther (Hrsg.),** *Jahrbuch Innere Führung 2012. Der Soldatenberuf zwischen gesellschaftlicher Integration und suis generis-Ansprüchen,* Berlin 2012.

**Uwe Hartmann, Claus von Rosen (Hrsg.),** *Jahrbuch Innere Führung 2013. Wissenschaften und ihre Relevanz für die Bundeswehr als Armee im Einsatz,* Berlin 2013.

**Uwe Hartmann, Claus von Rosen (Hrsg.),** *Jahrbuch Innere Führung 2014. Drohnen, Roboter und Cyborgs – Der Soldat im Angesicht neuer Militärtechnologien,* Berlin 2014.

**Uwe Hartmann, Claus von Rosen (Hrsg.),** *Jahrbuch Innere Führung 2015. Neue Denkwege angesichts der Gleichzeitigkeit unterschiedlicher Krisen, Konflikte und Kriege,* Berlin 2015.

**Uwe Hartmann, Claus von Rosen (Hrsg.),** *Jahrbuch Innere Führung 2016. Innere Führung als kritische Instanz,* Berlin 2016.

**Uwe Hartmann, Claus von Rosen (Hrsg.),** *Jahrbuch Innere Führung 2017. Die Wiederkehr der Verteidigung in Europa und die Zukunft der Bundeswehr,* Berlin 2017.

**Uwe Hartmann, Claus von Rosen (Hrsg.),** *Jahrbuch Innere Führung 2018. Innere Führung zwischen Aufbruch, Abbau und Abschaffung: Neues denken, Mitgestaltung fördern, Alternativen wagen,* Berlin 2018.

**Uwe Hartmann, Claus von Rosen (Hrsg.),** *Jahrbuch Innere Führung 2019. Bundeswehr im Aufbruch. Hindernisse von den verteidigungspolitischen Vorstellungen der AFD bis zu den sicherheitspolitischen Meinungen in der Zivilgesellschaft,* Berlin 2019.

**www.miles-verlag.jimdo.com**